KUWEI
酷威文化
图书 影视

情商这门课，只能父母教

唐雯◎著

江苏凤凰文艺出版社
JIANGSU PHOENIX LITERATURE AND ART PUBLISHING

前言

培养高情商的孩子，从父母做起

我从事教育工作十余年，瑞瑞无疑是我见过的非常聪明的学生之一。他 5 岁半就可以把剪得很碎的地铁路线图拼成原样；6 岁知道用腾讯会议召集班里的小朋友在线聊天；6 岁半能给 Teams（一种在线会议软件）的界面截图加上箭头和文字；7 岁会用编程猫搭建难度达到 14 岁学生水准的复杂的建筑。瑞瑞的认知发展、阅读能力、韧性、专注力、创造力、解决问题的能力远超同龄人。照这样发展，他未来很有可能成为马斯克式的技术天才。

然而，瑞瑞 9 岁时被国际学校劝退了。课堂上他随时可能离开座位去玩自己喜欢的东西，得不到自己想要的东西就花式发怒：掀书架、扔积木、敲桌椅、吐口水、打同学、推老师。他完全无法管理自己的情绪，无视规则，缺乏自控力。

自瑞瑞被收费近 30 万、配有专业特殊教育老师的国际学校劝退一事发生后，一提到瑞瑞，大家想到的是一个低情商、有暴力倾向的问题学生，没人再记得瑞瑞在编程上的天分。他的高智商天分被自己的低情商彻底封印了。他有成为马斯克的潜力，但是如果不补上低情商的短板，别说施展天分，哪怕是完成学业都困难。

我在中国不同性质的学校当过老师，从云南的农村学校到深圳的国际学校，教过的学生覆盖 3 岁到 30 岁。我也为上千个家庭提供过教育咨询，见过太多被低情商耽误甚至毁掉的学生，以及家庭：

“孩子才 2 岁就学会了在地上打滚。家长不满足他的要求就立刻打滚哭号，不分场合。在外面满地打滚的时候，我们觉得丢人，4个大人束手无策。”

“孩子4岁，在外面被别的小孩抢了玩具，也不知道出声，就愣在原地。被推倒了都不哭，也不说话。”

“孩子6岁，在家里像个小霸王，凶得很，一言不合就打人。到了外面，秒变㞞包，被比她矮一头的孩子欺负了都不敢出声。”

“8岁，男孩，不敢一个人睡，每晚要跟妈妈一起睡。下楼拿快递要姐姐陪着。只要走出家门，就躲在妈妈身后。”

“9岁了，表妹来家里玩，他把刚买的零食全部拿到自己的房间，一个人在屋里吃。”

“10岁了，个子很高。根本不能批评，一批评就哭。明明是自己做错了，也不让说。我家孩子的玻璃心可能像一张纸那般脆弱。”

“11岁了，遇到一丁点儿困难就躲。对任何事情都毫不在乎。考试直接交白卷，说她的时候，她就翻个白眼，说：‘反正也不会。’”

“12岁，邻居家的小孩骂了自己的奶奶，他就冲进厨房拿起一把刀，狠狠地捅进邻居家小孩的肚子里。被教育的时候，他还一脸不在乎，‘谁让他骂我奶奶的’。”

事情可以不用这样的。

我也见过很多这样的场景：

情绪崩溃的孩子在路边大哭，自己哭了一会儿后，恢复平静跟上家长的脚步。家长气定神闲地在一边耐心等待，没有干预，没有责怪。

转入新幼儿园的3岁男孩，在台阶处被绊倒磕破了下嘴唇，流了很多血。第二天却像没事人一样，带着伤和新同学们相处得很愉快。

妈妈在前面走着，后面跟着3个娃，还不到妈妈的腰高，每人肩上背着自己的小包，手里拿着刚刚采购的食物。

6岁的小女孩狠狠地摔在了地上，响声让旁边人都替她疼。她先是愣住，然后一脸委屈的表情，看了看四周，最后恢复平静，自己爬起来牵着妈妈的手。

8岁的孩子在沙池挖沙子，一个陌生小朋友过来拿了他的玩沙工具，他什么都没说，又从自己的玩具袋里拿出更多的挖沙工具。两个小朋友很快就玩在了一起。

泳池边，9 岁的女孩刚刚被水呛了，坐在泳池边默默流眼泪。哭完之后，她再次勇敢地走下泳池。

这些孩子情商更高，他们的高情商并不是天生的，而是他们在家庭层面受到了良好的情商发展支持。高情商孩子的背后有着重视情商发展并具备情商培养能力的家长。

这是一本专为中国 0~12 岁孩子的家长写的书，我希望通过这本书能帮你：1. 了解情商发展在孩子学习成就、未来职业成就、一生的幸福中不可替代的重要作用。2. 掌握家庭育儿中培养高情商孩子的实操方法。

相较于其他育儿书籍，这本书的不同之处在于：

1. 方法实用有效。书中提炼了一系列普遍适用的情商培养方法，这得益于我多年的教学经验，以及家庭教育指导经验。这些方法已经在课堂上以及家庭育儿中被反复验证：容易操作，效果好。很多家长采用书中的方法后，很快就看到了孩子的变化。

2. 在家容易操作。书中采用了大量真实案例，360 度呈现某一具体方法在家庭育儿场景下是如何落地的，就像一幅情商培养全景图，帮助家长在家轻松操作。

3. 清晰呈现每一方法背后的心理学和教育学原理。方法和案例能教你怎么做，而方法背后所蕴含的原理帮你了解为什么要这样做。我希望通过这种方式，能让你不仅知其然，也知其所以然，灵活高效地运用书里提到的育儿方法。

家长可以带着四种心态来阅读这本书。这四种心态不仅适用这本书里的育儿方法，也适用所有育儿时刻，是育儿的底层逻辑。下面我将以具体案例来帮你了解这四种心态。

整体的心态

小江是我教过的 9 岁小朋友。我接手班级之前，其他老师就提醒我要注意这个全校闻名的霸王。上课小动作，不写作业，揪同学辫子这些只是基本操作。他曾偷偷溜进老师办公室，把护手霜挤进老师的水杯；曾把一只活青蛙放进同学的书包；向别人头上吐口水，和同学冲突不断。

我深入了解之后发现，小江可能存在听力障碍。作为留守儿童，小江一直由耳背的奶奶照顾。别人跟他说话时，他常常侧着头，一脸茫然。他跟别人说话的时候声音特别大，经常吼叫。而且小江的行为变化是从半年前他生病开始的。当时他请假半个月，回学校之后忽然变得特别暴躁，攻击性强。被老师批评多了，也被同学欺负很多次之后发展到现在这样。正好小江在外打工的父母马上要回村处理农忙，我联系了小江父母，要求他们带小江去医院检查听力。结果印证了我的猜测，小江半年前患的重感冒引发了耳部感染，导致听力中度下降。也就是说，过去半年小江一度生活在听不清别人说话的状态下，而耳背的奶奶也一直不知道孙子的困难。小江不知道发生了什么，心里恐慌又没人诉说，承受着病痛还常被批评、被欺负，这才性情大变。小江的问题根本不是行为问题，而是耳朵感染导致的听力下降问题。

好在小江的耳部问题还没有发展到严重的器质性病变。经过治疗，炎症好转，小江的听力也慢慢恢复，他的行为问题也慢慢消退。如果我们只看到小江的行为问题，单纯从行为问题入手，不管奖励也好，惩罚也罢，很难真的帮到他。

孩子的发展具有整体性，身体、社会情感、语言、认识的发展之间紧密联系，互相影响。我们能看到的孩子的行为就像是浮在冰川上的 30%，冰川下的 70% 是我们看不到的，但这 70% 往往决定了冰面上 30% 的样子。育儿时保持整体心态，需要我们要打开视野，同时看到冰面上的显性部分以及冰面下的隐性部分。整体心态能够帮助家长锁定问题发生的真实原因，更好地支持孩子发展。

思辨的心态

佐佐木是被确诊的注意力缺陷儿童。因为严重的冲动行为和注意力缺陷，他在幼儿园时三次收到劝退警告。在妈妈的帮助下，佐佐木很好地适应了小学生活。他的妈妈用了什么方法呢？妈妈教育佐佐木的现场，我目睹过一次。

一天放学，妈妈来教室接佐佐木，佐佐木正在白板上涂鸦，看到妈妈扔下白板笔就跑向妈妈，我提醒了一句“佐佐木，你需要把材料归位”。佐佐木当然没听到，兴冲冲地跑向妈妈，妈妈板下脸再次提醒。此时的佐佐木被妈妈手上提的购物袋吸引了，玩起了购物袋。妈妈一把夺回购物袋，往他的屁股上狠狠打了两下，几乎把小小的佐佐木掀翻在地，然后蹲下来用双手按住佐佐木的肩膀跟他说话，一脸杀气。我用自己的“塑料日语”勉强判断出妈妈在说：“规则必须遵守！这是不容商量的！”

佐佐木像一头发怒的小野兽，鼻子狠狠地呼气，捏紧拳头，使劲跺脚，做出用头撞妈妈的样子，但最后忍住了，跺着脚走向白板。等他擦掉白板上的涂鸦，他的情绪已经过去了，又开心地回到妈妈身边玩起购物袋。这时妈妈按着佐佐木的头郑重地对我鞠躬道歉。

从结果来看，佐佐木妈妈的方法对于帮助佐佐木学习规则、发展自控是有效的。可以从这个例子里窥见妈妈平时在家对于规则的要求非常严格，并不惜用“打屁股”的体罚方式让佐佐木学会规则。这套“凶狠”的办法对冲动且个性顽强的佐佐木有用，但若应用在一个高度敏感的孩子身上只会适得其反。

鼓励式育儿法用在一个做事慢热、情感细腻的孩子身上可能效果特别好，但对于自控能力严重欠缺的佐佐木可能就“火力不足”。

儿童具有个体差异性。育儿这件事，要特别小心，避免照搬套路。书里的方法再好，他人的经验再成功，未必适合自家宝贝。思辨的心态，是辩证看待育儿方法和经验，理清方法背后的原理，并根据自家儿童的情况有取舍，有调整。辩证的心态是根据孩子具体情况把普适方法进行量体裁衣的过程。作为宝贝成长路上的长期驻场嘉宾，你对孩子的了解就是赋能你对孩子量体裁衣的宝藏，帮助孩子成长的强大底气。

陪伴的心态

有位爸爸来咨询，他很困惑孩子为何有完美主义倾向：鞋子穿不好便不要这双鞋子；穿衣服没有一次性穿好就要脱掉重新穿；草莓没画好能哭半小时；颜料沾到手上就受不了。到底怎么让他容错率高一点？让他更抗挫？

我追问后发现，其实孩子并没有任何行为问题，也没有打扰到家长。穿鞋穿不上他会自己换鞋子；一件衣服穿得不顺畅他会自己换一件重新穿一次；事情没做好他哭完之后也就安静地玩其他游戏了，没有攻击性行为；颜料沾到手上他会自己去洗。孩子在磕磕绊绊中能和自己的完美倾向共处，并不需要父母为自己的完美追求买单。为什么这位爸爸一定想要改变孩子？爸爸说："我自己有点完美主义，强迫自己高标准高要求，有点累，不希望孩子像我一样。"

这是问题归属没划清。孩子怎么和完美倾向和谐共处是孩子的课题，孩子只能在不断踩坑的过程中学会和"追求完美的自己"和解。过度干预可能剥夺孩子学习和解的机会，也可能带来新的问题。家长怎么和自己的完美倾向和解则是家长的课题，孩子的课题家长无法代劳，把自己的课题投射到孩子身上更是大可不必。

如果我们带着指导的心态，总想以过来人的身份帮孩子避开一些自己踩过的坑，就很容易陷入这位爸爸的困境——把问题归属划错之后平添烦恼或者画蛇添足。

指导心态的极端是控制，比如："小孩子最重要的是听话。长辈都是为了孩子好。孩子听长辈的话才能过得好。""小孩的哭声很刺耳，大人听到感觉很糟糕，有什么办法让孩子不要哭？"这种心态剥夺了孩子的独立人格，如果一味按照自己的意愿来控制孩子，容易导致两种极端——特别叛逆或者特别依赖。

儿童的发展有主观能动性，他们从出生起就是独立的人，也具有发展的主观意愿。陪伴的心态指的是划清问题的界限，分清哪些是孩子的课题，哪些是我们的课题，把孩子的课题留给他自己，给他们在摸爬滚打里成长的机会——这是他们学会活得自洽通透的唯一方式。我们最终要接受，作为陪伴者，很多时候我们除了抱有强烈的共情看着孩子在自己的课题里挣扎，什么都做不了，什么也不用做。而正是这种不作为，给了孩子独立的机会。陪伴的心态让我们打破"总想教孩子点什么，总希望孩子能变得更好点”的执念，真正享受和孩子在一起的亲子时光。

持续的心态

有几位妈妈的咨询内容高度一致：

“学了这么多育儿课，很多都说孩子发脾气的时候让孩子哭就行，可是我家孩子哭得很厉害，根本无法实现让他‘自由发泄，不用管’。”

“我试了一下闻花香吹蜡烛的情绪调节法，孩子根本不跟着做。”

“试了睡前读绘本，没用，读了三本，依然很精神，还是不睡。”

“教了两次‘请停下’，被人推了，还是愣在那里，完全不会说‘请停下’。”

这些咨询背后都折射出一种速成心态：希望有针对某一问题的特效药，用了之后能立竿见影。育儿不是治病，不是求医问药之后就能药到病除。很多家长在育儿时寻找“不哭卡”“睡觉卡”，希望把某张卡片上的程序录入孩子的大脑，这样孩子就能执行新的程序。然而，育儿路上没有这样的速成卡。

孩子的变化是慢慢发生的。一段时间里的潜移默化，在某一刻从量变到质变。就像长个子，身高一直在慢慢增长，忽然某一天到达 1.2 米，从此坐火车就要买票了。好的育儿方法是潜移默化式的力量，不是点石成金的魔法。持续的心态要求我们能对孩子潜移默化的影响保持察觉，能把握孩子成长的大方向，在大方向正确的情况下保持耐心，多尝试多邀请，静待花开。持续的心态可以打破不切实际的期望，打破我们对孩子的种种预设，帮助我们放平心态、稳定情绪。

对于极度个性化的情商培养工作，虽然没有“几点做什么怎么做”的操作手册来横扫各类育儿难题，但是有很多心态、知识、技能能够帮助每一位家长少走很多弯路。

这本书里，除了经过反复验证的实操方法，我花了很多篇幅讲教育学和心理学的内容，希望大家能够知其然并知其所以然，在心态、知识、技能上有全面的提升，帮助大家培养出高情商的孩子。如果大家能带着整体、辩证、陪伴、持续的心态看待儿童，那么你就能打破

“想教孩子点什么，总想改变孩子”的执念，充分享受亲子时光；你就能发自内心信任并支持孩子，而这就是高质量的爱——接受孩子的失败和不完美，爱他如他所是，而非如我所愿。

我不能说高情商的孩子一定过得幸福，但是低情商的孩子大概率不会幸福。本书既是一本育儿说明书，也是一本写给爸爸妈妈的幸福手册，希望每位爸妈都能养出高情商的孩子，让每个孩子的天赋被充分挖掘释放。

目录

CONTENTS

第一部分

高情商教养基石

1 情商的力量：奠定孩子一生幸福的基石

情商的发展

2022年，新加坡，豆豆一家从心理门诊走出来，豆豆爸妈脸上满是愁容。豆豆的妈妈是牛津大学硕士，爸爸是哈佛大学硕士，他们是新加坡排得上号的高学历父母。豆豆9岁了，看上去帅气乖巧，但从5岁开始就出现了一系列问题：对错误零容忍，即使是1分的失误也像千钧的重担压在他的肩头。绝对不尝试任何没有把握的事情。钢琴弹错一个音符，他可以逼自己练到半夜。在商场不小心碰倒一个立牌，当场崩溃大哭。去餐厅的时候不愿意吃饭，他害怕自己的用餐礼仪不好被别人看到，宁愿饿着。近期豆豆情况逐渐恶化。父母不叫吃饭，他就不会吃饭；父母不说停下，那他看到红灯也继续往前走；老师问他"听到我说话了吗"？他既不点头，也不摇头，一脸茫然。豆豆好像放弃了思考，放弃了社交，甚至放弃了说话。

2008年，云南大理州鹤庆县辛屯镇，12岁的小林在院子里玩"射击"游戏。小林父亲早逝，他被改嫁的母亲丢下，从小由年迈且近乎失明的奶奶照顾。农村孩子能玩的不多。小林自制了弹弓，用小石子当子弹，用喝空的可乐瓶当靶子。邻居家小孩路过时看到觉得新奇，在门口看了一会儿，随口说了句"阿么（云南方言），打那么多下还没打到瓶子呀"。小林生气地吼了一句，"关你屁事，滚"。邻居孩子莫名其妙被骂，很委屈，说："没爹没娘，你奶奶眼睛又看不到，你才这么没礼貌。"小林气急败坏，转身冲进厨房拿起一把刀，跑回来狠狠地捅进邻居家小孩的肚子里。小林在派出所面对警官的审问，一脸不在乎地说："谁让他骂我奶奶的。"

1944年，美国波士顿一间小公寓，一位46岁的中年人中风昏迷。

这个人叫威廉·詹姆斯·西迪斯（William James Sidis），被认为是人类历史上智商最高的人，据估计其智商高达300。他2岁可以阅读《纽约时报》；4岁可以用希腊文阅读《荷马史诗》、用拉丁文阅读《高卢战争》；6岁自学解剖学和亚里士多德的逻辑学；8岁通过MIT的入学测试，能熟练使用英语、拉丁语、法语、德语等8种语言；他在11岁那年，正式进入哈佛大学，成为哈佛校史上最年轻的学生之一；16岁从哈佛大学毕业，可以说是真真正正的“天纵奇才”。毕业时，他用一段话跟父母打造的自己和真实的自己做了切割——实现完美生活的唯一途径就是隐居，我讨厌群众。毕业之后，西迪斯隐姓埋名，他只做体力活儿，尽力避免接触数学，用各种笔名写了很多书，直到晕倒在小公寓。之后他再也没有醒来，孤独贫穷地死去。

1991年，美国爱荷华州爱荷华大学凡·艾伦物理系大楼（Van Allen Hall）三楼的309室，正在进行一场研讨会。忽然枪声响起，中国留学生卢刚在短短20分钟内射杀了自己的导师、导师助理、系主任、副校长及另一位中国留学生。5人全部被命中要害，当场毙命。还有校长助理被射中颈部导致全身瘫痪。卢刚紧接着饮弹自尽。6死1重伤的枪击案震惊了美国和中国的学术界。事发前，卢刚是18岁考入北大物理系、22岁公费赴美攻读博士的“别人家的孩子”。事发时，卢刚获得博士学位不久，只有28岁。据卢刚的同学回忆，卢刚自视甚高、打压同行、为人固执、不会社交。卢刚的杀人动机至今成谜，人们普遍猜测是因为嫉妒。他在写给二姐的遗书里表达了这样的意思：我对男女关系腻烦了，对物理没兴趣了。物理研究让人失望，但家里又没有钱让我来美国读工科。我走到今天这一步，有父母的过错。

以上四个故事都是极端低情商的真实故事。

无法认识自己的豆豆，在学霸父母过高的要求下，事事受挫，感受不到自己的价值，低自尊，任何一件事没做好，就觉得自己不值得存在，最终发展成消极、依赖、生无所恋的习得性无助。

无法管理自己的小林，缺乏管教和引导，不会管理情绪，无法控制冲动，因为一点儿小事恶意伤害邻居，给自己和家人的人生留下无法抹去的污点。

无法激励自己的西迪斯，被心理学家父亲当成一件产品去打造，从小接受严苛的学术训练的他收获了最高的智商，却失去了整个童年的快乐和自由，被父母外力推动的学习终究无法持续。没有内驱力的他亲手封印了自己的天赋，毕业后向着家长期待的反方向拼命狂奔。

无法认识他人、缺乏社交技能的卢刚从普通家庭成长为名校博士，本来可以有光明的前途，却像巨婴一样活在自我中心的世界里，毫无共情，无法社交，不仅毁灭了自己，也残害了众多无辜的同事和老师。

无法认识自己、无法管理自己、无法激励自己、无法认识他人、缺乏社交技能都是低情商的表现。再高的天赋、再多的资源都扛不住低情商的消耗。修炼情商是一个人走向成功和幸福的起点。

情商是一个非常大的概念，包括很多互相紧密联系且界限模糊的子能力。关于情商，学术界用了很多不同的术语来表述类似的概念。为了方便大家理解本书涉及的教育学和心理学理论，这一章介绍情商研究的发展以及本书的理论框架。

情商的研究发展

情商，通常指情绪商数（Emotional Quotient，简称 EQ），又称情绪智力（Emotional Intelligence，简称 EI），它是近年来心理学家们提出的与智商相对应的概念。

在 20 世纪的前九十年里，心理学界和哲学界普遍把智力局限于认知，基本忽略情商的存在。

1988 年，以色列心理学家鲁文·巴昂（Reuven Bar-on）第一个使用“EQ”这个名词，并编制了世界上第一个标准化的情绪智力量表，根据他的定义，EQ 还包括了那些能影响我们去适应环境的情绪以及社交能力。

1990 年，两位美国心理学家彼得·沙洛维（Peter Salovey）和约翰·梅耶（John Mayer）首次提出了“情绪智力”的概念，认为“情绪智力”指：“个体监控自己及他人的情绪和情感，并识别、利用这些信息指导自己的思想和行动的能力。”但这在当时并未引起很大的反响。

直到 1995 年，美国心理学家丹尼尔·戈尔曼（Daniel Goleman）在他的《情商（EQ）》一书中，才把情商这一概念带到全世界，随后情商（EQ）广泛流传。他也因此被称为“情商之父”。随后，丹尼尔·戈尔曼在他一系列的著作里，提出了情商模型：

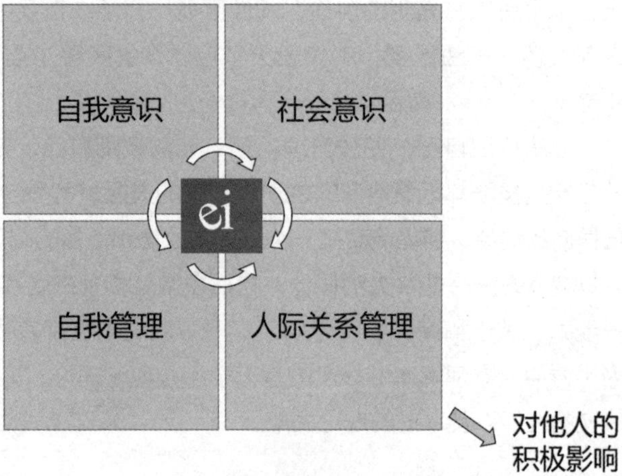

图 1　情商框架

这个模型接受了彼得·沙洛维等人的观点，更多地被解读为：

认识自身情绪的能力；

妥善管理情绪的能力；

自我激励的能力；

认识他人情绪的能力；

管理人际关系的能力。

除了丹尼尔·戈尔曼的这一模型，彼得·沙洛维、约翰·梅耶以及鲁文·巴昂也分别提出了各自的情商模型，形成了三种理论模型。这三个主要理论模型，每种模型都有不同的实验和测量标准。

社会情感学习

1994 年，为了更好地探讨如何在教育领域中找到有效、协调的策略，以提高学生的社会情感能力、学业成绩、健康水平和公民意识，并预防和减少心理健康和行为问题，丹尼尔·戈尔曼与他人合作成立了学术、社会和情感学习联合会（Collaborative for Academic, Social and Emotional Learning，简称 CASEL）。该机构提出社会情感学习（Social Emotional Learning，简称 SEL）的概念，并成功把社会情感学习的概念及重要性推广到全球。CASEL 界定了社会情感学习的概念，认为社会情感学习是一种过程，在这个过程中，人们获取或应用知识、技能、心态来发展健康的情绪识别与管理，实现个人和集体的目标，对他人感受或表达出同理心，建立并保持支持性的关系，做出负责、体贴的决定。

经过在实践中的不断完善，CASEL 提出了社会情感学习论，把 SEL 分为 5 个维度：自我意识、自我管理、社会意识、人际关系和负责任的决策。

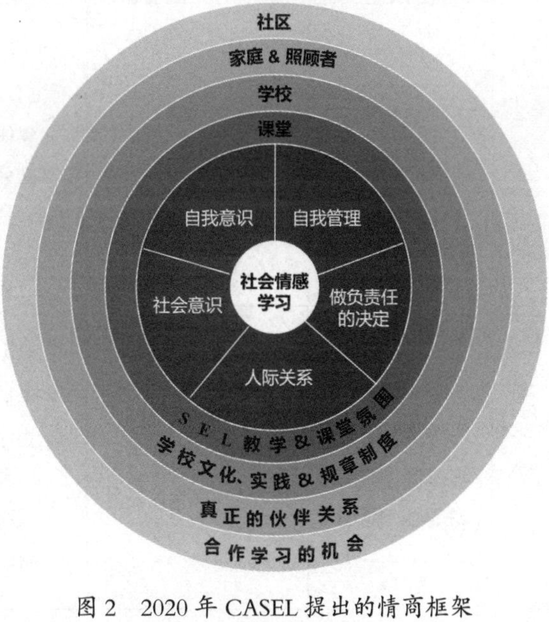

图 2 2020 年 CASEL 提出的情商框架

CASEL 关于社会情感学习的研究为解决困扰美国青少年的问题，如毒品滥用、校园霸凌等提供了切实可行的方案。在实施社会情感学习项目的学校，学生的社会、情感和学术能力普遍有所提高，问题行为显著减少。

作为国际上比较系统的情商理论，SEL 得到了联合国教科文组织的极大认可。2002 年联合国教科文组织向全球 140 个国家的教育部发布了实施社会情感学习的十大基本原则，开始在全球范围内推广社会情感学习。2011 年，社会情感学习被引入中国，教育部和联合国儿童基金会在贵州、云南、重庆、广西和新疆等省市自治区启动了社会情感学习项目，进行社会情感学习的试点工作，提出了社会情感学习的六个维度。

表 1　社会情感学习的六个维度

	自我	他人	集体
认知	自知 自信 自尊	共情 尊重 亲和	集体意识 亲社会性意识
管理	调适能力 反省能力 坚忍性（能力） 进取心（能力）	理解与包容的能力 化解冲突的能力 处理人际关系的能力	融入集体 维护荣誉 遵守规范 合作 领导力 亲社会能力

本书情商框架

关于情商的定义和模型历来存在争论，主要表现在以下两方面：

广义还是狭义的情商。狭义的情商仅限于情绪的识别、理解、表达和管理；广义的情商不仅限于情绪本身，还包括社会能力，通常指个人认知与管理、他人认知与管理，以及社会责任。

术语选择的不同。最广为流传的几个术语：

1. 情绪商数（Emotional Quotient，简称 EQ），强调的是在情商测评中所得的数值。可以通过情商数值直接反应一个人的情商高低。

2. 情绪智力（Emotional Intelligence，简称 EI），把情绪能力视为一种智能。

3. 社会情感学习（Social Emotional Learning，简称 SEL），强调获得良好社会情感能力的学习过程。

以上三个术语中，情绪商数的概念使用范围最窄，强调情绪智能测评的结果，在强调测评的语境中最为适用，比如企业录用员工用的情商测评。情绪智力强调的是学习结果。社会情感学习强调学习的过程。但它们描述的核心能力是一致的。耶鲁大学情商中心倡导，情绪智力和社会情感能力可以互相替代，因为本质上表达的是同样的概念，对于结果和过程不必做严格区分。

针对以上争论点，考虑到教育学的惯例，本书采用情商的广义定义，用情商这一术语来表达一个人认知自己和他人，良好管理自己和他人，并发展积极的社会关系的能力。

综合目前主要的情商模型，以及在育儿中实际落地的方法，全书按照下面的框架展开，描述培养情商的方法及案例。

表 2　本书情商框架

	维度	发展目标	情商能力
情商	认识自己	我有价值	自我评价和自尊
		我能做到	自信
		我知道怎么实现目标	自我效能
		我能理解情绪	情绪的识别、理解、标记
	管理自己	我会调节情绪	情绪的表达与调节
		我不怕挫折	复原力
		我能适应变化	执行功能
	激励自己	我想做	自主
		我想做得越来越好	胜任
		做好对我来说有意义	归属
	认识他人	我理解他人的想法和感受	同理心
		我尊重他人的意见和选择	尊重
	社交技能	我能化解冲突	冲突处理
		我乐于助人	亲社会行为

高情商，奠定孩子一生幸福的基石

2008 年，大三的我在上海南京西路的猎头公司做实习生，同组的硕士小姐姐有一天忽然感叹："我太羡慕你们本科生了。我本科的时候快乐得像小鸟一样。研究生过得根本没有以前开心。"

"快乐得像小鸟一样"，听到这句话我愣住了。我不知道这是一种什么感受，也很久没体会到快乐了。每一天我的大脑都在告诉自己：今天我要在学校上两节课，去公司打 20 个电话，做一份 Excel 文档。而我的心却接收不到任何快乐的情绪信息。

这是我转入教育行业的起点。我放弃了原来的本科专业，从支教开始，一直从事教育工作到今天。

这么多年的实践和研究，让我终于明白：我们对自己的情绪负有责任，意识不到这一点的每个人都是在悬崖边散步，一不小心就跌入深渊，修炼情商是一个人走向幸福的起点。

如果把上面的问题抛给你。

你快乐吗？你觉得怎么样？

你的孩子快乐吗？他 / 她现在觉得怎么样？

如果你问孩子这样的问题，他 / 她是否能清楚地回答？

心理学研究表明，情商对于每个人来说，都是重要的能力基础。"高情商"的人一般都有很好的人缘，而且容易获得更高的成就。那么，情商对于儿童来说，都有哪些作用呢？

情商学习提高学业成绩

美国洛杉矶市霍巴特小学是全美第二大小学，其中 90% 的学生家庭贫困，全部学生都来自移民家庭。这所学校的一个五年级班级，在全美的测试中成绩位居全美前 5%~10%，这个班级走出来的很多学生后来就读于哈佛、斯坦福等顶尖大学并取得不凡成就。这个班级创造了轰动美国的学业奇迹。奇迹的缔造者正是雷夫 · 艾斯奎斯（Rafe Espuith）老师。

雷夫 · 艾斯奎斯从教 20 多年，被《纽约时报》称为“天才与圣徒”，先后获得多项大奖，包括“美国总统国家艺术奖”“英国女王 MBE 勋章”“全美最佳教师奖”，以及美国媒体天后欧普拉的“善待生命奖”等。他把自己的教学方法写进了《56 号教室的奇迹——让孩子变成爱学习的天使》。

雷夫 · 艾斯奎斯老师到底用什么方法让这些家庭背景较差的学生获得如此高的学业成就？他的方法处处扣住情商模型里的五大情商品质：

把教室变成温暖的家，让孩子感到归属，发展孩子强大的内驱力。

让孩子跟过去的自己比，发展孩子的自尊和自信。

让孩子参与帮助他人的各项活动，发展孩子的尊重和同理心。

告诉孩子“飞不起来的火箭不是失败，只有当学生停止解决问题时才算失败”，提升孩子在逆境中勇往直前的复原力。

有了驱动力，很多孩子自愿每天提前 2 小时到校，放学后数小时内仍不愿离去。

在雷夫 · 艾斯奎斯老师的 56 号教室里，他充满激情和策略地培养孩子们认识自我、管理自我、激励自我、管理他人、社会交往的能力。孩子们在发展情商和人格的同时，也收获了良好的学习成绩。

发展情商对于学业成绩的促进作用在多项研究中也得到印证。

伊利诺伊大学芝加哥分校 CASEL 的负责人、心理学家罗杰 · 魏斯伯格（Roger Weissberg）在一项涉及 27 万名学生的研究中发现：接受了社会情感课程的学生，其反社会行为（如课堂滋事、斗殴或者滥用药物）平均减少了 10% 左右；正面行为（喜欢上学、出勤率高、专注听课）平均提高了约 10%；且社会情感学习使学生的成绩提高了 11%。

如果聚焦到具体一项社会情感学习项目，在参与项目的 668 位 3~18 岁儿童中，参与社会情感学习的学校，50% 的学生成绩得到提高。社会情感学习项目还使校园环境变得更安全，学生不良行为平均减少 28%，违纪行为平均减少 27%。与此同时，学生出勤率有所提高，63% 的学生表现出更积极的行为，辍学减少 44%。

博伊西州立大学教授卡特（Carter）这样总结：儿童早期的社会情感能力能支持入学准备、终生学习、参与认知任务；在一年级时，社会情感能力比认知技能、家庭背景更精准预测学习成绩；和关怀、共情、尊重、包容等品质有很强的相关性。

耶鲁大学情商中心创始人及负责人马克·布雷克特（Marc Brackett）提出，情绪和注意、记忆、学习、决策、关系、创造力都有非常紧密的联系；好的情商与这些高级心理活动存在明显的正相关。在人类所有的思考活动中，情绪的影响无处不在。不能很好管理自己情绪的孩子，学习往往不会好。

以上研究，从不同侧面证明了情商的高低，比做题、运算、阅读、写作等认知技能更能影响学习成绩。也就是说，如果希望孩子提高成绩，提高情商是比送孩子去补习班更有效的途径。

情商水平决定职业高度

2022 年的电影 *Hustle* 讲了这样一个故事：西班牙天才篮球选手博·科鲁兹被美国金牌教练斯坦利发掘后，来到美国逐梦 NBA。一旦签约 NBA，博·科鲁兹可以获得丰厚的年薪。博·科鲁兹有着绝佳的篮球技术，进攻、运球、扣篮、三分球、防守的水平在专业 NBA 队伍里也属一流。唯一阻碍他签约 NBA 的因素是他糟糕的情绪管理能力。在球场上，对手故意的辱骂可以立刻激怒博·科鲁兹，并让他的篮球水平直线下降。发现他的软肋后，对手可以在球场上用一句话轻松击垮博·科鲁兹。教练斯坦利通过一系列方法修复了博·科鲁兹年轻时遗留的情绪管理问题。改善了情商上的短板后，博·科鲁兹顺利成为美国 NBA 签约球员，改变了一家人的命运。

在体育竞技场上，高手的身体素质和技术水平基本不再有差距，真正拉开运动员差距的是情商。是否具有从失败中快速复原的韧性，是否能平衡恐惧，是否能调节压力，是否能极致专注于目标，决定了一个运动员能否从竞争中脱颖而出。

除了体育竞技领域，在普通职业发展道路上，情商同样会影响个人的职业高度。

福布斯网站经过调研发现：相比于其他 33 项工作技能，情商对人的工作表现影响最大。印第安纳大学教授欧内斯特·奥博伊（Ernest O' Boyle）在研究中指出：情商是最强有力的工作表现预测因子；高情商的人能跟他人建立有效关系，并避免负面行为。卡内基理工学院的研究则指出：一个人 85% 的财务成功度归因于“处理人的能力”，即一个人的交流、谈判及领导能力，而技术知识的贡献只占 15%。毫不夸张地说，一个人的智商决定职场起点，而一个人的情商则决定了他的职场高度。全球性商业机构现在已经习惯把情商作为招聘、擢升和培训员工的标准。

情商教育对于职业成功的重要性，主要体现在以下方面。

认识自己的能力：让我们对自身优劣势有清醒的认知；帮助设置合理的职业目标，找准职业方向；帮助识别自己内心的情绪变化以及触发因素；给自己带来明确的职业价值感，让我们在工作中不卑不亢。

管理自己的能力：让我们面对工作压力时，能有效调节情绪，保持乐观积极的心态；帮助我们从工作失误中快速复原，吸取教训；帮助我们专注于工作目标，保持自律，灵活又不失原则。

激励自己的能力：让我们有持续的驱动力，从而在专业上不断提升。这种驱动力不是因为简单金钱或职位驱使，而是发自内心的提升自我的渴望，让我们持之以恒地完成职场进阶。

管理他人的能力：让我们准确感知他人的情绪，换位思考；让我们能综合考虑多方因素，最后拿出各方认可的解决方案；让我们能充分调动有效的资源推进工作，实现工作目标。

社会技能：让我们能和他人良好相处；帮助我们与同事建立相互尊重、信任、支持的紧密关系；让我们成为受人欢迎的团队合作者。

哈佛大学博士、畅销书作家丹尼尔·戈尔曼博士，在他的著作里这样总结：在顶尖水平的竞技里，情商比智商更重要；智商决定一个人是否能获得一份工作，而情商决定一个人是否能在这份工作上成功；在领导力的细分能力中，情商的贡献率占到 80%~100%。

高情商的人更健康

《黄帝内经》写道：怒伤肝，喜伤心，忧伤肺，思伤脾，恐伤肾。几千年前，中国人就已经意识到过度的情绪反应会对身体造成伤害，提倡人们在生活中要做到情绪平和、淡泊宁静、知足常乐。

人类身体就像一个各部位高度关联的精密仪器，严丝合缝，牵一发而动全身。情绪作用于大脑，大脑指挥身体做出一些反应来调节情绪。当负面情绪过度频繁、激烈或持久时，就会给身体带来巨大的健康风险。

负面情绪导致的第一大健康风险是心理疾病。长期的负面情绪（焦虑、紧张、郁闷等）提高了人们患上心理疾病的概率，如抑郁症、强迫症。近几年，在各种压力下，焦虑似乎成了生活中最主要的情绪。"精神内耗""焦虑""内卷"等热点词经常冲上热搜榜。清华大学经管学院教授吴维库这样总结：职场上 70% 的人不快乐，90% 的人郁闷，90% 的人处于亚健康状态，抑郁症患者每年增加 1.3%。

在中国，心理疾病有低龄化的趋势。

2017 年，中国青少年研究中心和共青团中央国际联络部发布的《中国青少年发展报告》中显示，我国 17 岁以下的青少年中就有近 3000 万人受到情绪与行为的困扰，出现了抑郁症状，严重时甚至会危害生命。

时隔 3 年左右，《中国国民心理健康发展报告（2019~2020）》显示了国内青少年的抑郁检出率高达 24.6%，其中有 7.4% 为重度抑郁；这部分群体中，大多数还是初中生。

仅仅从专门治疗精神心理疾病的北京大学第六医院中的数据就能发现，初高中生患上抑郁症的人数更多，也更年轻。2010 年底，该院儿童病房病人的抑郁症比例为 23% 左右，平均年龄为 14.3 岁，但到 2019 年底，这两位数值已经分别增降到了 66.7% 和 13.6 岁。

负面情绪导致的第二大健康风险是危害身体健康。马克·布雷克特博士总结了几种情绪可能危害身体健康的方式：

感到低落——悲观、孤独、郁闷，和低水平的血清素及多巴胺相关。血清素是天然的止痛药，能够缓解人们对痛感的接收。当人们感到低落时，天然止痛药少了，更容易感受到疼痛。这就是约一半的抑郁症患者伴有各种疼痛的原因。

负面情绪——焦虑、生气、伤心、压力，和不健康的方式密切相关，比如不健康饮食、吸烟、过量饮酒、缺乏运动、脱离社会。而这些生活方式会加剧负面情绪，让人进入情绪、健康双双跌落的循环。

愤怒和心脏病之间有强烈的关联。愤怒和高度紧张密切相关，高度紧张会提高心率，导致血管收缩，产生不健康血脂，并降低免疫力，这些都加大了患心脏病的概率。

当然，不是说负面情绪都是危险的。人类身体在漫长的进化中已经高度自洽，情绪会激发身体产生一系列生理反应，增加或减少相应的荷尔蒙或神经递质，这些荷尔蒙和神经递质能够反过来调节情绪，帮助我们的情绪和身体重归平衡。比如伤心的时候我们会哭泣，哭泣能够把跟压力有关的毒性化学物质带出身体，并促进大脑分泌催乳素和催产素——这两种激素能帮助我们镇定冷静。哭泣就是人类天生的情绪调节机制。人体内还有很多这样的调节机制，保护着我们的健康。只有人体的调节机制在剧烈、频繁的负面情绪攻势下被打破，情绪才会危害我们的身体健康及心理健康。

同样，良好的情绪可以增强身体健康。感恩能增加血氧浓度，加快身体恢复，加强免疫系统。爱的感受能提升神经生长因子的水平，神经生长因子能修复神经系统并增加记忆。比如看喜剧电影时发出的笑声增加了 β- 内啡肽的分泌，这种激素能让我们感到愉悦，促进生长激素的分泌，修复细胞。笑声也可以降低患心脏病的风险。可以说，积极的情绪就是身体健康的一道屏障，让我们的身体远离和压力相关的激素。

情商高的人，能够有效识别、表达、管理、调节自己的情绪，让自己的情绪自然流动，整体保持乐观和积极的心态，相当于给身体健康修建了一道有力的屏障，让我们更健康。

2 0~12 岁：高情商培养的关键期

0~12 岁：情商发展的关键期

情商的发展贯穿人的一生，其中最重要的情商发展阶段集中在出生到青春期到来之前，即 0~12 岁。这可以从几个角度来理解。

社会情感发展角度

人类婴儿不是懵懂无知的小幼崽。婴儿在 2 岁之前就已经能够识别绝大多数人类情绪。

婴儿出生时就能分辨 4 种基本情绪：满足、厌恶、痛苦和好奇。1 岁前发展出愤怒（1~2 个月）、恐惧（3~4 个月）、惊讶（3~4 个月）、快乐（3~4 个月）、悲伤（6~8 个月）。1 岁之前，婴儿就已经具有了美国心理学家伊扎德（C.E.Izard）描述的 9 种基本情绪。1~2 岁的婴儿会发展出尴尬、嫉妒、内疚、骄傲、害羞等更复杂的情绪，而且这些情绪和自我意识与自我评价相关。不同情绪的出现过程可以概括在下表里。

表 3　不同情绪出现的时间表

<table>
<tr><th>年龄</th><th>情绪</th><th>情绪类别</th><th>影响因素</th></tr>
<tr><td>出生</td><td>满足
厌恶
痛苦
好奇</td><td rowspan="2">基本情绪</td><td>可能由生物程序决定</td></tr>
<tr><td>2~7 个月</td><td>愤怒
恐惧
快乐
悲伤
惊讶</td><td>所有健康的婴儿都在大致相同的时间段出现这些情绪，所有文化对这些情绪的解释也是相似的</td></tr>
</table>

续表

年龄	情绪	情绪类别	影响因素
12~24 个月	尴尬 嫉妒 内疚 骄傲 害羞	复杂情绪 自我意识 自我评价	需要自我的感知和认知能力来评判自己的行为是否违背了标准或规则

概括来讲，0~12 岁儿童的情商发展分为四个阶段：

0~3 岁的婴幼儿可以感受到丰富的情绪，只是无法用语言表达。能否通过孩子的表情、动作，“读”懂孩子的“婴言婴语”，直接决定了婴幼儿安全依恋的质量。而安全依恋又是情商发展最重要的基础。

3~6 岁，孩子已经能感受到人类的所有情绪，且能够感受到兴奋、快乐、愉悦之间的细微差别。此时，受限于语言发展的水平，孩子依然不能准确地表达自己的情绪。他们认识能力有限，独立性差，要高频面对想做和做不到之间的落差，高频面对各种人际冲突。这个阶段的孩子需要学会抑制冲动，适应幼儿园的生活，在自己的小型社交圈里学会应对冲突。在这个阶段，情商如果能够得到恰当的训练，孩子对情绪的理解、表达和调节的能力，以及解决冲突的能力都会得到飞速发展。

6~9 岁，即小学低学段，这时儿童能有效调节自己的情绪，看到不同的视角，亲善行为增多，攻击性行为减少。他们已经可以像个小大人一样开展一系列独立的活动，比如自己买东西，自己去找朋友玩。此时他们的自我评价、自尊、情绪的调节、社交关系等能力还比较脆弱，需要对其进行持续的正向引导。

9~12 岁，处于小学高学段，这时孩子已经能灵活地运用情绪调节方法，能从他人视角看待自己，对道德公平的理解也更深入。这一阶段，是自我评价、自尊、自信、内驱力、复原力、自控力、社交技巧进阶发展的时期。这些方面得到良好发展，孩子就会建立稳定且终身受益的高情商品质。

从社会情感发展的角度讲，0~12 岁是情商高速发展的阶段，对一生情商的发展影响最大。

大脑发育角度

2018 年，我在曼谷国际学校教幼儿园大班。班上有个日本小朋友佐佐木，是被确诊的注意力缺陷多动障碍（ADHD，俗称多动症）儿童。表现为：高度易激怒，做事冲动，情绪管理能力低下，伴随严重的注意力缺陷——在一个任务上只能独立专注一分钟左右。

佐佐木因为无法集中注意力而无法完成很多课堂活动，学习成绩严重落后。又因做事冲动常常和同学起冲突：抢其他人的玩具，摔坏同学的杯子，撞倒同学，插队……每次反思的时候他都知道自己的行为是错的，也能主动道歉，但是下次看到别的小朋友拿着自己喜欢的玩具，手又不受大脑控制地去抢。全班小朋友对他又怕又恨。他被全班小朋友排挤，自己也很难过，想改，但就是控制不住自己的行为。

因为无法完成学习任务，且和同学冲突不断，他经常在教室大声哭闹，宣泄情绪。以佐佐木目前的情况，是无法顺利升入小学的，可能面临被学校劝退的结果。佐佐木的妈妈了解到问题的严重性后，学习了大量专业知识，采取了一系列干预措施，提升了佐佐木的自控力。

一年后，我在一年级课堂上见到佐佐木，他还是那个喜欢东张西望的多动症小朋友。课堂练习时，他没法像其他小朋友一样集中注意力，画出相似大小的方块。但他没有放弃，没有生气，而是跑过来拉着我的手说："老师，我没法集中注意力，我需要你的帮助。"

这句话体现出的是强大的自我价值感、清醒的自我认知和冷静的寻求帮助。看来，佐佐木在有明显注意力缺陷且伴有冲动性行为的情况下，对小学生活适应得不错。

佐佐木身上有所有学前小朋友的影子。学前儿童易冲动、难遵守指令、难控制情绪、较少用语言表达需求，喜欢发脾气。这是由人类大脑发育的特征决定的。

0~12 岁是大脑发育的关键期。脑发育就是神经元发育并形成精细交流系统的过程。脑发育有两个过程非常重要，一是突触的形成和削减，突触的数量决定可传递信息的总容量；另一个是髓鞘化，髓鞘化影响信息传递的效率，髓鞘化程度越高，信息传递越快。简言之，突触数量决定了一个人能做多少事，髓鞘化程度决定了一个人做事情有多快，两者共同决定了一个人大脑工作的效率。

纵观大脑发育过程，0~2 岁时突触的数量以惊人的速度增长，2 岁左右突触数量达到顶峰，然后开始突触削减。突触削减主要发生在 12 岁之前。青春期之后，大脑的突触数量基本稳定，直到成年。

0~2 岁，髓鞘化速度是最快的。出生的婴儿脑重量相当于成人的 30%，2 岁时的脑重量就达到成人的 70%，6 岁达到 90%。脑重量的迅速增加主要依赖髓鞘化。2 岁之后，髓鞘化放慢了脚步。

总结一下，大脑发育的两个关键过程——突触发生（决定信息的传导总量）和髓鞘化（使大脑更有效地工作），在 0~12 岁时发生最重要、最快速的发育。

与情商密切相关的大脑区域在额叶。额叶负责产生意识、控制冲动、整合信息、计划调节。额叶的发育，3 岁左右达到峰值，之后发育速率减缓，发育过程持续到青春期。如果在 0~12 岁额叶被塑造的关键阶段，孩子没有机会锻炼冲动控制、行动调节，额叶得不到足够的刺激，发育不充分，情商发展就会受损。

发展情商，就要抓住大脑发育的黄金期——0~12 岁。错过这个阶段，大脑的发育虽然仍在零星进行，但大脑的工作效率不会再发生大的变化。

教育学角度

0~6 岁的早期教育是情商和社交能力发展的关键期，这一结论已经在教育界达成共识。美国亚利桑那州教育标准中列出“早期是儿童学习以下基础生活技能的关键时期：自控、自驱、同情、灵活性、反思、社会关系；社会情感学习是儿童了解自己，了解他人，建立社会关系，发展认知和终生学习的基础”。

美国幼教作家芭芭拉·凯撒（Babara Kaiser）博士在著作中指出：能有效管理自己、与他人合作、理解并管理情绪、在逆境中坚持的儿童具有在未来每个领域成功的坚实基础，也具有未来幸福生活的坚实基础。

根据美国早期社交与情感发展学习中心（centers on the social emotional foundations for early learning, CSEFEL）的研究：有坚实情商基础的儿童能够更好地应对挫折，参与更少的冲突，发生更少的破坏性行为；这些儿童也更健康，更少感到孤独，更少冲动，更专注，并且有更好的学业成绩。

大量研究表明，早期的情商能力和更好的学业成绩明显正相关，而早期提前补习学业知识和未来的学业成绩无关甚至负相关。波士顿大学副教授、作家彼得·格瑞（Peter Gray）在他的文章里这样总结：一系列严谨的科学研究呈现出高度一致的结论，早期的补习可以在针对此学习内容的特定测试中提升学生的平均成绩，但成绩提升的效果在 1~3 年后消失，甚至带来成绩下降的后果。悲剧的是早期纯学术的教育方式会给学生发展带来长期伤害，特别是社交情感领域的伤害。

1. 改变德国教育政策的研究

20 世纪 70 年代，德国政府做了一场大规模比较试验，比较了 50 所"游戏型幼儿园"和 50 所"学术型幼儿园"。结果发现，四年级之前，"学术型幼儿园"的学生在学业表现上确实体现出一定优势，但从四年级开始，以学科学习为目的的"学术型幼儿园"孩子成绩出现直线下滑的趋势，特别是在阅读、算术方面有明显的劣势，并且在社交和情感方面不如同龄的"游戏型幼儿园"的学生。

这个大规模试验也让德国政府紧急叫停了学前教育改革计划，要求所有幼儿园必须以游戏为中心，不得提前教授知识，从而扭转了把幼儿园学术化的趋势，使幼儿园回归到"游戏型幼儿园"的道路上。

2. 美国的两项研究

瑞贝卡·马康（Rebecca Marcon）在一项针对 343 名非裔贫困孩子的调研中发现：参加"学术型幼儿园"的孩子在四年级前有明显的优势，但是到了四年级之后就出现了严重的成绩滑坡。四年级后，"游戏型幼儿园”的学生成绩反而更好。

大卫·维卡特（David Weikart）在跟踪美国密歇根州 68 名贫困孩子后得到了高度相似的结果。

参与调研的孩子被分为三组：

A 组：以学习学科知识为主；

B 组：以游戏为主；

C 组：以游戏为主，同时伴随大量成人指导。

结果发现，A 组孩子在四年级之前，与 B、C 组相比有明显的成绩优势，但这种优势很快消失。当时的研究者对试验对象进行了长期追踪，分别在孩子 15 岁和 23 岁时进行了比较，结果发现：在 15 岁和 23 岁已经无法区分这三组孩子之间学业成绩的差别，但是在社交和情感能力上，A 组明显落后于 B、C 组孩子。

除此之外，15 岁时，A 组主抓学习的孩子，比其他两组孩子有更加明显的叛逆行为。到了 23 岁，这种区别更明显，表现在：与他人会发生更多摩擦，更容易受挫和受到情感的伤害，表现出更多情绪障碍；更少结婚或者在婚姻中更难寻找幸福。更可怕的是，犯罪率比其他两组孩子高 3 倍。事实上，23 岁时，A 组主抓学习的孩子犯罪率高达 39%，而其他两组的平均值为 13.5%。

可见，上补习班等提前教育的优势只能保持到孩子四年级左右，造成的伤害却持续一生。同时大量研究也表明，不论哪种儿童游戏，都能极大地促进儿童社会情感能力的发展。

对于 0~6 岁的孩子来说，玩就是学。他们不仅仅是在玩积木，而是在玩积木的过程中练习了手部精细动作，发展了大肌肉，能认识形状，认识空间，感受重量，感知重量和大小之间的关系，发展专注力。在一起办派对，玩过家家的过程中，他们学习分享、分工、合作，学习如何化解冲突、怎样换位思考、如何说服他人。

在 0~6 岁时打好社会情感、认知、语言、运动的基础，到了 6~12 岁的小学阶段，孩子会过得非常顺利。我教过很多成绩差的小学生和初中生，他们成绩差，并不是因为没有提前学或上补习班，而是由于生活习惯、学习习惯、学习自主性、独立性差导致的。这些问题都可以追溯到学前就开始跑偏的教养方式。发展孩子的情商，不仅不会耽误孩子的学习，更能促进孩子的学习，使其一生幸福。

儿童的社会情感发展就像捏制陶器。刚配好的湿润泥坯可以被捏制成任何样子，随着时间流逝，水分慢慢减少，捏制的过程就越来越难。泥坯放置得越久，捏制就越困难。如果泥坯已经干透，就只能打碎回炉重造。0~12 岁是人生中唯一一个情商发展的泥坯期，错过即永远失去。

抓住情商发展关键期，培养孩子一生的优势

“宝宝现在6个月了，特别喜欢把抽纸放进嘴里，大人如果拿开就会大哭大闹，给其他东西想让他转移注意力，他就会把东西扔掉。”

“14个月，特别黏妈妈，一直让妈妈抱。哪怕离开几分钟去外面取快递，孩子都不愿意，导致妈妈只敢偷偷溜走。”

“3岁半，不喜欢跟其他小朋友玩，哪怕带去小区游乐场，他也是自己一个人在旁边玩自己的玩具。”

“8岁了，收到舅舅送的生日礼物，不喜欢，毫不掩饰地翻了个白眼。怎么会这么没礼貌。”

如果不了解儿童的社会情绪发展阶段，以上问题就显得特别棘手，耗费精力。以上儿童表现出的各种行为与其发展阶段有关，是特定阶段下儿童正常的表现，只要遵循儿童社会情绪发展规律，对其稍加引导就能轻松化解。

下面我们以堂堂为例，借助堂堂的行为来理解0~12岁儿童在不同阶段社会情绪发展的特点。

堂堂刚出生不久，妈妈就发现堂堂会在吃奶之后，或者被妈妈轻轻拍着的时候微笑，睡着的时候也会笑，但是用湿巾给他擦脸，他就把头转开，嘴角往下撇。

2个多月，不管谁把脸凑近，堂堂都会笑。把图片放在他面前，他就没什么反应。这是社会性微笑，指的是看到他人时表现出的微笑。

6个月，堂堂的表情变得更丰富。爸爸把他举高高，他会哈哈大笑；

睡醒了发现没人在身边，会大哭；摇篮车上挂着的玩具发光，他会露出吃惊的表情；哥哥的皮球砸到他的腿，他会露出害怕的表情，随后大哭；他越来越容易生气了，只要妈妈把东西从他手里或嘴里拿走，他就哭。但整体上，他还是个小天使，不管谁逗他，他都笑；不论谁抱他，他都允许。

8 个月，舅舅来家里做客，逗堂堂，他不笑了，还把脸转开。舅舅抱起堂堂，他马上就哭。堂堂很少见到舅舅，看来是开始认生了。

9 个月，陌生人来家里和爸爸大声说话，堂堂不知道发生了什么，他看了一眼妈妈，发现妈妈在微笑，他也模仿妈妈的样子笑。面对不明白的情况，堂堂已经可以从妈妈那里寻求信息，这叫社会参照。

12 个月，堂堂特别喜欢藏东西，然后重新发现这个东西。比如把皮球扔到沙发底下，然后让爸爸捡回来；把汽车用被子盖住再拿出来。他走路还不稳，但特别喜欢躲猫猫：用围巾把妈妈的头盖住，然后把围巾拿开，找出妈妈。这是堂堂在发展客体恒常性。真的看不到妈妈了，他就会急得哭，妈妈上厕所都想跟着。

在 14 个月的时候他黏妈妈的现象最严重。这是分离焦虑。

18 个月，堂堂已经可以玩真正的躲猫猫。自己一个人躲在房间，让阿姨来找，因为阿姨迟迟没找到他，他独自躲在房间里会害怕，被找到后就一脸委屈，推开阿姨，被夸勇敢后，他又一脸自豪。这体现了堂堂丰富的情绪体验和表达。有一次，他在楼梯上摔倒了，滚下了四五级台阶，妈妈被吓坏了，堂堂自己也被吓坏了，但他只哭了几声，很快就恢复了平静。此时他情绪平复的能力也更强大了。

2 岁半，堂堂开始抢哥哥的玩具，但是看到哥哥被爸爸教训后失落的样子，又会把自己的玩具塞到哥哥手里。这是工具性攻击和共情。兄弟俩进入相爱相杀的阶段。

4 岁，堂堂不抢玩具了，但是会骂哥哥“坏蛋”，会因为哥哥弄倒了自己的积木而打哥哥。这是敌意性攻击。堂堂有了自己的好朋友，但还是最喜欢和哥哥、爸爸妈妈玩。有一次，家里的花瓶被堂堂打碎了，妈妈问堂堂是谁打碎的，堂堂一边紧张地搓手，一边装出没事人的样子说："不知道。"此时他能分辨真话和谎话了，也能用拙劣的方式掩饰自己的真实情绪。他知道不能拿干妈家沙发上的东西，但是会在干妈家的沙发上跳来跳去，被说这样不礼貌后，堂堂就不跳了。堂堂的道德意识迅速发展，他也能区分出社会常规。

8 岁，堂堂和哥哥很少打骂了，而是用沟通谈判的方式解决问题。这是亲善行为增多，攻击性行为减少的表现。收到阿姨送的生日礼物，发现不是自己想要的变形金刚后，堂堂会说："怎么不是变形金刚？"他还不能很好地掩饰自己的情绪。他还会经常觉得自己做得不够好，担心自己不优秀，在这之前他可是经常把"我最牛"挂嘴边的。这是自尊下降到现实的水平。

11 岁，堂堂与自己总是无法入选小足球队和解了，他明白自己努力练习跑步了，但确实跑得不快，因为自己天生就没有其他同学高。他在成败归因上已经能区分出能力、努力和运气。堂堂选择了另一种方式去证明自己——打架子鼓。他勤奋地练习，建立了打架子鼓的小圈子，经常约着小伙伴一起练习。架子鼓节目落选了六一节目，他难过了几天，然后又投入练习。他不再总是怀疑自己，而是能客观地评价自己的优势和不足，克服困难，为目标努力。堂堂的情绪调节能力、社交能力、复原力、自驱力、自尊、自信、自我效能感，此时都得到了良好的发展，堂堂妈妈基本不为他操心了。虽然堂堂成绩不拔尖，足球水平不拔尖，架子鼓才能也不拔尖，但妈妈相信堂堂能克服成长中的各种困难，走出自己的路。

以上是堂堂在社会情感发展上走过的路。绝大多数儿童，不论男女，在被有效支持的情况下，都会按照上述路径发展社会情感能力。只有在了解了儿童不同阶段的典型社会情感行为后，我们培养孩子情商时才会更胸有成竹，淡定从容。

0~12 岁儿童情商发展的重要标志，概括如下：

表 4　0~12 岁儿童情商发展阶段

大致年龄	发展阶段及标志
出生	▪ 表现出满足、厌恶、痛苦、好奇等基本情绪
2~3 个月	▪ 表现出社交性微笑：看到他人时表现出的微笑
3~8 个月	▪ 表现出愤怒、恐惧、快乐、悲伤、惊讶 ▪ 会大笑，会表达剧烈的情绪 ▪ 6 个月开始更频繁地发怒 ▪ 6 个月开始学着自己从情绪中恢复平静 ▪ 7 个月开始出现怯生现象，对熟悉的养育有着明显的依恋，出现分离焦虑
9~12 个月	▪ 理解他人情绪和表达情绪的能力提高 ▪ 出现社会参照：面对不确定情境时主动从可信赖的人那里寻求信息 ▪ 出现客体恒常性：即婴儿理解当一个物品不在视线里的时候，不意味着这个物品从世界上消失了
12~24 个月	▪ 开始产生自我意识。儿童看到镜子里自己的鼻子上有个红点时，会用手去摸 ▪ 开始出现自我意识的情感，比如羞愧、尴尬、内疚和自豪 ▪ 标志感情的词汇迅速发展 ▪ 情绪调节能力提高 ▪ 开始知道自己的情绪与他人的情绪不同，共情开始萌芽 ▪ 开始使用好和不好的词汇，道德开始萌芽

续表

大致年龄	发展阶段及标志
2~3 岁	▪ 理解情绪的原因、结果、基本行为标志，如开始对人像的面部表情命名 ▪ 开始体现出更多情绪自我调节的方法 ▪ 出现自我概念和自尊 ▪ 出现合作和工具性攻击（为了得到想要的东西而产生的攻击，比如抢玩具）
3~4 岁	▪ 显示出掩饰真实情感的能力，但很拙劣 ▪ 能区分真话和谎话 ▪ 开始描述情绪的原因、结果、行为标志，如能说出某个情绪背后的原因 ▪ 开始用外貌、所有物、喜欢进行自我评价 ▪ 以非社交游戏为主，互动游戏增加 ▪ 工具性攻击减少，敌意性攻击（意图伤害别人的攻击，比如身体攻击、言语攻击或关系攻击）增加 ▪ 建立初步的友谊 ▪ 能区分道德规则（什么对、什么不对）、社会常规（约定俗称的习惯，比如见人要打招呼）及个人私事（不干扰他人和社会的、由个人决定的私事，比如穿什么颜色的衣服）
4~6 岁	▪ 越来越好地应对自己不愉快的情绪，比如把注意力从害怕的事情上转移，想象美好的事物 ▪ 自我评价扩展到心理品质和模糊的个人特质 ▪ 用话语表达共情 ▪ 道德感迅速发展，习得许多与道德有关的规则和行为 ▪ 懂得分享，但主要是为了自己的利益而开展的分享
6~9 岁	▪ 对情绪的理解越来越深入，开始理解人会掩饰自己的情绪，理解一个情境会引发个体不同的情绪体验，懂得人可以同时体验多种情绪 ▪ 不能很好地掩饰自己的情绪 ▪ 亲善行为增多，攻击性行为减少 ▪ 对自我的评价扩展到人格特质、发展能力与同伴的社会比较 ▪ 自尊下降到现实的水平 ▪ 责任感和独立感更强

续表

大致年龄	发展阶段及标志
9~12 岁	▪ 情绪的自我调节能力迅速发展，能灵活运用多种调节方式 ▪ 对社会所认可的表达规则有越来越清楚的认识，了解哪些应该在社会情境中表达，哪些应该受到抑制 ▪ 在成败归因上能区分出能力、努力和运气 ▪ 能很好地理解并采纳他人的观点 ▪ 能从他人的角度看待自己，以及自己和他人的关系 ▪ 自尊有所提高

第二部分

提高情商的日常训练

3 认识自己：帮孩子准确认识自我

我有价值：自我评价和自尊

0~6 岁

团团快 4 岁了，她乖巧听话，但有件事令妈妈很头疼：什么都让妈妈来做。

明明可以自己用勺子吃饭，却总是说："妈妈喂。"妈妈不喂就哭鼻子。

玩完玩具后，妈妈让她收玩具，她却说："妈妈收。"妈妈不收，就开始掉眼泪。

在客厅想玩放在书房的玩偶，她就说："妈妈拿，团团怕。"非要妈妈去给她拿玩具，自己就是不肯去。

洗澡的时候，团团喜欢坐在自己的小凳子上玩水。洗澡前，妈妈提醒团团拿凳子。团团又说："妈妈拿，团团怕。"一定要让妈妈拿来凳子才愿意洗澡。

什么都让妈妈来做，这种表象的背后是孩子的自我评价出了问题。团团眼里的自己是这样的："我不会，我不行，我一切都要靠妈妈。"

当团团对自己的评价发展为积极的"我可以，我能行，我很厉害，我是个好孩子"时，团团的问题就能自动化解。

自我评价是自我意识的一种表现形式，指的是人对自己思想、愿望、行为和个性特点的判断和评价。自尊是对自己的特点进行评价并做出对自己存在价值的认定。自我评价强调评价的过程，自尊强调积极自我评价带来的结果，本书中不区分自我评价和自尊。一般来说，积极正面的自我评价意味着高自尊，消极负面的自我评价意味着低自尊。

儿童的自我评价指的是儿童怎么看待自己：是有价值的好孩子，还是没用的讨厌鬼；是能不断进步的，还是一成不变的；是有人爱有人保护的，还是孤零零的。

自我评价影响儿童行为和心理健康的所有方面，是健康成长的重要条件。有人认为，生命中唯一重要的一件事，就是你对自己的看法。人对自己的评价，直接影响着学习、参与活动的积极性，以及与他人的交往。只有客观地认识和评价自己，孩子才能正确地对待自己、他人，以及社会。能客观评价自己的孩子，更能在发扬优点的同时，看到不足，并去想办法克服缺点，不断提升自我。

自我评价的发展规律一般是：3 岁左右主观笼统地评价自己；4 岁左右开始评价自己的行为；5 岁开始评价自己的个性品质；6 岁及以后扩展到对自己的人格特质、发展能力及与同伴的社会比较，能更全面、深入、客观地认识和评价自己。

0~6 岁孩子的自我评价

如何帮助 0~6 岁的孩子发展出积极的自我评价呢？首先要从该阶段孩子自我评价的特点、误区、育儿原则和实操方法说起。

0~6 岁孩子的自我评价有下面几个特点：

依赖成人。他们对自我的评价主要依赖成人对他们的评价，特别是家长和老师的评价。家长觉得他们好，他们就觉得自己很好。家长说他们不好，他们就觉得自己是个坏孩子。

主观笼统。限于认知水平，他们对自己的评价只能局限于好和不好这种非常笼统的感受上，还不能深入地理解，自己到底好在哪里，不好在哪里。这种笼统的评价也是主观的，与孩子客观上做得好不好没太大关系。所以我们会见到这样的场景：在公众场合抢别人玩具的孩子，也会迷之自信地说："我是个好孩子。"这种迷之自信就是一种主观笼统的自我评价的表现。

高估自己。0~6 岁孩子通常会高估自己，且往往表现在高估自己的行为。比如：已经适应幼儿园小班的 3 岁孩子会经常跟爸爸妈妈说：

“我今天可厉害了，我吃了好多饭，玩了好多玩具。”可能孩子并没有吃很多，也没有玩很多玩具。6 岁的孩子可能会说“我可勇敢了”，而实际上也没做特别勇敢的事情。这就是高估自己的行为。

以下几个常见误区往往会阻碍 0~6 岁孩子自我评价的发展。

误区一：夸孩子会让孩子骄傲。恰恰相反，夸孩子是非常有效的教育手段，夸对了没有副作用。如果我们夸赞孩子积极的行为，比如“今天你自己收袜子了，很厉害啊”，孩子就会更专注于受夸赞的行为，并频繁做出积极行为。如果我们批评负面行为，如“怎么又把袜子丢得到处都是”，孩子就会更关注“把袜子丢得到处都是”，并在不知不觉中再次乱丢袜子。这在心理学上叫“白熊效应”：人们更容易做出自己被告知不要去做的事情。

误区二：打击孩子可以让孩子上进。比如，当孩子夸自己吃饭厉害的时候，为了帮他看到自己的不足，有些人会说：“这是你应该做的，没什么值得骄傲的！”“才吃了这么点儿，哪里厉害了？”他们认为这种客观的评价可以帮助孩子客观地看待自己，看到进步的空间，并不断改进。事实上，0~6 岁孩子还做不到客观评价，而且他们习惯了高估自己。面对大人的打击，孩子想到的不是进步，而是自己不行。

误区三：比较可以激发孩子做得更好。比如“你看隔壁的明明都不尿裤子了，你怎么还尿裤子”“才数到 20 呀，欣欣都能数到 100 了”，0~6 岁小朋友理解不了这种激将法。相反，这种比较会让孩子产生羞愧心理，觉得自己没有其他小朋友好，是个坏孩子。

那么，我们应该怎样帮助 0~6 岁儿童发展自我评价呢？有这么几个大原则：

1. 正大光明地夸。孩子通过父母的评价来巩固自己的自我认知。孩子对自己的评价，就是父母对孩子评价的复制粘贴。如果父母常夸孩子，孩子就会觉得自己很好、很棒、很厉害，进而做出很好、很棒、很厉害的行为。

当然，夸孩子并不是空洞地夸“你很棒，你很厉害”，而是要具体点出孩子棒在哪里，厉害在哪里，比如“你今天自己收拾玩具了，很棒呀”“今天把饭都吃完了，真厉害”。

多夸孩子的进步和努力，如“今天刷牙比昨天更快呀，有进步”“我看到你刚才试着自己去洗毛笔，很好哦”。

2. 多给尝试机会。鼓励孩子上进，不能靠打击，而是要多给孩子表现自己的机会。当孩子成功做好一件事后，就会产生“我在这件事上很厉害”的成就感。

当然，因为0~6岁孩子的能力有限，他不可能一下子就把事情做好。收玩具时往往漏掉的比收起来的还多；收拾盘子时把盘子打翻在地；洗菜时洒一地的水。可正是因为做不好，他们才需要更多的尝试机会，多练几次才会有进步。

让孩子自己做事，刚开始家长可能要花很多时间去收拾“残局”。家长在收拾“残局”上花的时间相当于给孩子的天使投资，刚开始只能看到砸时间进去，看不到收益产出。随着孩子自理能力的提高，家长最初投资的收益就体现出来了。孩子家务做得越来越好，这样也能帮家长节约大量时间。

3. 帮助孩子进步。孩子在进步中会不断加强“我越来越厉害”的自我评价感。同时要注意在培养孩子能力的时候不能单纯依赖尝试，而是要多教方法，这样才能避免孩子陷入低水平的重复中。比如，孩子在端盘子时打翻了盘子，我们就要示范怎么端盘子：手拿稳，眼睛往前看，脚慢慢走。这样练习几次，孩子就能很快学会。

做家务

哈佛大学经过20多年的研究发现，那些从小就做家务的孩子在智商、情商、创造力、解决问题的能力，甚至是社交能力的发展上都优于不做家务的孩子。同时有数据显示，从小做家务的孩子，未来的婚姻会更幸福，智商也会高于不做家务孩子的20%。

在做家务的过程中，孩子可以慢慢建立起“我很厉害”的积极自我评价。面对团团什么都要妈妈来做这个问题，团团妈妈把做家务作为培养团团积极自我评价的切入口。

团团妈妈发现团团特别在意洗澡时坐小凳子这件事，而且搬凳子不难，团团完全可以做到。

一天洗澡前，团团妈妈先提醒团团“去搬洗澡的小凳子”。

团团像往常一样说：“妈妈搬，团团怕。”

妈妈这次没有妥协，而是说：“妈妈陪你去搬，团团不怕。”

“妈妈搬，团团怕”，团团开始有哭腔了。

“团团可以自己搬凳子的，刚才还帮妈妈拿快递了，团团很厉害，妈妈会帮你的。”妈妈边说边拉着团团去搬凳子。

团团被妈妈拉到凳子前，不情愿地搬起自己的小凳子，噘着小嘴，不肯走。

这时妈妈趁机夸赞到：“团团好厉害呀，能自己搬起小凳子了。”

团团一听，不噘嘴了，搬着凳子跟着妈妈去了卫生间。

洗澡的时候，妈妈继续夸：“今天你自己把凳子搬到卫生间了，也太厉害了吧！你是怎么做到的呀？”

团团开心地说：“我最厉害了。”

搬凳子成了团团做家务的起点。那天之后，团团承包了家里“搬”的任务：

搬快递——把收到的快递从小区门口搬回家，把要寄的快递搬到快递存放点；

搬牛奶——把家里订的牛奶从门口搬到冰箱里。

一段时间后，团团在幼儿园学会了擦桌子，喜欢上了“擦”的动作。在家也开始擦桌子、擦凳子。当然，被团团擦过的桌子、凳子通常都会变得更脏。妈妈就教团团怎么洗抹布，怎么拧干抹布，怎么把桌子擦干净。每当团团取得了一点进步，妈妈都会夸：“今天的抹布拧得很干啊！”“今天擦得比昨天更干净了！”“电视柜都擦了，你真是妈妈的好帮手！”很快团团又承包了家里“擦”的任务。

两个多月后，团团不再让妈妈喂饭了，想要书房的玩具就自己主动去搬。那个什么都让妈妈来做的团团，已经成长为愿意做家务、会做家务，而且经常夸自己“我可厉害了”的团团。

鼓励孩子做家务时，一定要注意一点：不要挑剔。

孩子刚开始做家务时，可能会留下一地脏乱，把快递摔地上，被擦的桌子变得更脏，等等，我们要避免说“拿稳点不行吗，这么轻的快递都拿不住”“你看看桌子这边都没擦”“你的抹布都这么脏了，也不知道洗”之类的话。因为父母的挑剔不仅会打击孩子做事情的积极性，也不利于他们自我评价的发展。更甚者，会导致他们觉得自己什么都做不好，进而产生更强的依赖性，难以独立。

在孩子做家务的过程中，我们要坚持三个原则：正大光明地夸、多给尝试的机会、帮助孩子进步。这样，孩子就会爱上做家务，在做家务的过程中收获满满的成就感，建立“我做家务可厉害了”的积极自我评价。一件事上的积极自我评价会延伸到生活和学习的各方面，“我在这件事上可厉害了”的成就感累加起来，就固化并泛化为“我这个人很厉害”的积极自我评价。

当孩子有了“我这个人很厉害”的积极自评，一时的挑战不但不会打倒他们，反而能帮助他们在克服挑战的过程中不断成长。

6~12 岁

雯雯 10 岁了，她学习好，人缘好，又积极参加各种活动，深受老师和同学们的喜欢。期中考试结果出来了，雯雯又得了全班第一，可她却一点儿也不高兴。由于粗心，她有一道题答错了。这么简单的问题都能答错，雯雯觉得自己很笨。

班里选拔校合唱队队员，雯雯也报名了，试唱的时候由于太紧张了，她声音发抖，老师说：“虽然声音有点发抖，但你唱得很稳，声音很好听。”可雯雯却觉得老师是在安慰自己。后来雯雯因为生病错过了终选，没能进入合唱队。老师特意跟雯雯说：“当天你不在，老师也担心你的身体，所以没有选你，你以后还有机会的。”而雯雯觉得是因为自己不够好，才没能加入合唱团。

有一次，雯雯丢了一支钢笔。放学后，她在教室里哭了很久。老师了解后才知道，这是妈妈送给雯雯的礼物，她怕被妈妈批评。

雯雯经常做出负面的自我评价，出现了典型的低自尊情况：觉得自己笨、不够好，害怕犯错。那么，怎么才能帮助雯雯建立客观积极的自我评价呢？

6~12 岁孩子的自我评价

进入小学后，孩子的自我评价范围会从个人特征、行为、品质，扩展到自己的人格特质、发展能力、同伴的社会比较；评价风格从主观笼统、自我膨胀的阶段，进入逻辑清晰的客观分析阶段。6~9 岁的小朋友，会有一个自尊心回落到现实水平的现象，他们不再觉得自己什么都好，而是开始看到自己的不足、与其他人的差距。

这种自尊心的回落在 9~12 岁会被积极客观的自我评价取代。这时，他们不再重点关注自己的不足、与其他人的差距，而是能客观地看到自己的优势和进步，对自己的人格特质有深入的理解，而且能够理解他人眼中的自己是什么样的。这个年龄段的孩子，不再像幼儿园时那样做笼统的“我很勇敢”的评价，而是对“我很勇敢”有深入的理解——勇敢意味着我敢第一个尝试攀岩，意味着同学、老师也经常夸我勇敢，意味着不在意他人眼光大胆说出自己的感受，意味着坦然承认自己的错误。

帮助 6~12 岁的孩子形成客观积极的自我评价，需要把握好下面四个原则：

原则一：接纳孩子对自己的负面感受

很多孩子上了小学之后，忽然失去了信心，这是自尊心回落到现实水平的表现，与孩子认知能力的提升、社交范围的扩大、自控能力的增强有关。首先，我们要知道，自尊心的回落很正常，对于孩子形成稳定的、积极的、客观的自我评价有重要意义，不会对孩子造成伤害。

觉得自己不够好，这是孩子真实的感受。不管是否认同孩子对自己的评价，我们都无法否认孩子此刻的感受。我们要做的是先接纳孩子那种对自己不满的情绪，然后换位思考，他为什么对自己不满。是因为作业没完成，考试没考好，朋友不跟自己玩，被老师批评了，还是跑步没别人快？在理解的基础上帮助孩子分析，对于某件事，什么才叫做好，用什么方法能做好。同时帮助孩子重建认知：一件事暂时没做好没关系，只要努力了就会有进步，自己还有其他做得好的地方，自己是有价值的。

有时我们会存在这种错误想法：孩子之所以认为自己不够好，是因为他没做好，这种自责能促使他上进。这种想法忽略了一个重点：觉得自己不够好不等于某件事没做好。低自尊典型的表现，就是在某件事上没做好被孩子泛化为：我哪都不好，我没有价值。我们需要让孩子认识到，某件事没做好不意味着自己没价值。

原则二：引导孩子正确地与他人比较

进入小学后，孩子开始频繁地和各种人进行比较，这是一种普遍现象。而适度、合理的比较，能帮孩子作出自己的判断，了解他人眼中的自己。我们不能回避，而是应该引导他们正确地与他人比较。

1. 物质上的攀比需要大人做好示范。

进入小学后，某些孩子会羡慕拥有更好物质条件的同学。比如会出于攀比心而不是实际需要，要求家长给自己买最新的电话手表，更多的变形金刚。

这种物质上的攀比通常来自大人错误的示范。如果大人传达出嫌贫爱富的信息，孩子自然会把一个人的价值和他所拥有的物质条件画等号。之前班里有个孩子特别喜欢和别的小朋友比较谁家的房子大，比赢了就开心，比输了就发脾气，我了解之后发现孩子的家长特别喜欢在家里讨论谁家的房子有多大、有多厉害。

如果家长能坦然面对贫富贵贱，那么孩子对于物质条件通常没那么在意。家长要以身作则，践行正确的物质观。家长也需要及时纠正孩子错误的攀比，拒绝孩子不合理的购买要求，告诉孩子“一个人的物质条件不等于这个人的价值。他有的东西比我多、比我贵，不代表他比我好”。

2. 分数上的比较，强调自己和自己比，做好试卷分析。

我自己是从应试教育里走出来的“小镇做题家”。我的中学时代从 1998 年到 2005 年，每次期中或期末考试后，老师会把班里所有同学的成绩，按照排名从高到低打印在一张表上，发给班里每个学生，并让学生带回家给家长签字。每次排名表发放的一刻我至今记忆犹新：全部同学都低着头默默等着排名表传到自己手里，拿到之后马上找到自己的名字和名次，就好像在等一张宣判书来宣判自己是不是个好学生。

现在考试排名的做法已经被教育部明确禁止。2021 年 6 月 1 日，教育部召开新闻发布会。会上发布的《未成年人学校保护规定》指出，为保护学生隐私和自尊心，减少攀比、避免歧视，缓解应试压力，禁止学校、教师公开学生的考试成绩和排名，但是要求学校采取措施，便利家长知道学生的成绩等学业信息。

不得公布成绩排名早在十多年前就被教育部提出。过去十几年，这一要求一直在被加强，并在 2021 年伴随着“双减”政策达到新高度。这是因为过度重视成绩排名会造成一系列严重后果：低自尊，歧视，心理疾病。

很多家长和我一样，在“每周 1 小考，每月 1 大考”“黄冈秘籍”“5 年中考 3 年模拟”的应试环境下长大。从小习惯了公开考试排名的做法，把和别人比较分数的习惯代入自家孩子的教育中。有些孩子考试后会被家长问“在班里排第几，其他人考多少分”。这些孩子又把这种比较带去班级，在班里掀起比较分数的风气。

面对孩子互相比较分数的做法，家长首先要跳出自己的思维惯性，意识到：我们成人习惯的一些做法是错误的；互相比较分数的做法对孩子发展有害；不和其他人比学习成绩，孩子一样可以不断进步，并在孩子和别人比较分数时积极制止。

家长可以帮助孩子建立成长的心态。一方面向孩子强调，可以自己和自己比。帮助孩子看到自己的成长性，知道可以越来越好。另一方面强调试卷分析，帮助孩子用积极的态度看待错题，错题为我们提供了非常有价值的信息：找到学习中的薄弱点，查漏补缺，有针对性地提高学习成绩。如果孩子能用成长的心态看待自己的成绩，那么每次分数的不足都将成为其成长的动力。

原则三：给孩子自己纠错的机会

很多家长会发现，孩子进入小学后，在学习上变得抵触家长的纠错。作业本上明明做错了，家长好心指出来，孩子可能嘴硬不承认，等家长转身离开之后，又偷偷地按照家长的指导改成正确答案。

这种行为和孩子的心理发展阶段有关。小学和学龄前的生活明显不同。进入小学后，孩子的学习时间增加，学业加重，活动时间减少，老师的关注也有所减少。更重要的变化是，学习结果有了明确的评价标准。一道题，对就是对，错就是错；写一个字，会就是会，不会就是不会。孩子需要在学习上做对并不断进步，来获得胜任感，他们会不断问自己“我怎么才能做好”。美国心理学家埃里克·埃里克森把 6~12 岁的小学阶段称为“勤奋对自卑的冲突”，他们需要勤奋学习，不断掌握更复杂的知识和技能，如果学习上不成功，他们就会陷入自卑。

这个时候孩子本身有充足的内在动力，可以发现错误，并不断改进。他们对学习上的错误以及自己的失败很敏感。家长可以利用他们的内在动力，把纠错的机会留给孩子，帮助他们获得胜任感。最好的方法是，用提醒和帮助取代指正和批评。

“我注意到作业本上有两个地方，可以再改进。你看看能不能找到这两个地方？”

“这类题确实比较难，需要大量的练习才能掌握。我看你卡在这里一会儿了，需要我帮忙吗？”

以上两种说法是提醒和帮助，提醒孩子自己发现错误并改正，让孩子知道自己可以随时获得帮助，背后的含义是“你可以的，我会帮你”。

“这个字写错啦，快改过来”“类似的题刚才做过了呀，怎么又忘了，你要举一反三啊”，这样的说法就是指正和批评，虽然出发点也是帮孩子改进，但是剥夺了孩子自己发现错误的机会，对孩子的学习能力有了抱怨。背后的含义是“你不行，要我给你指出错误，你很笨，举一反三都不会”。经常被指正和批评，孩子不仅会抵触，而且会发展出自卑——“我做不到”。

原则四：帮助孩子正确归因

归因（attribution）是我们对产生结果的原因进行解释，也就是对“为什么会这样”的回答。在多年的教学中，我发现孩子们在归因上可以大体被分为两类。

以豆豆为代表的孩子，成功的时候觉得这是因为自己能力强，而能力强是自己努力获得的，失败了是因为努力不够或者任务太难。成功时，豆豆享受强烈的成就感——因为成功的背后是豆豆的汗水和付出；失败时，豆豆也不会觉得自己笨或差劲，而是知道如果自己更努力或者调整任务难度，下次就有可能成功。不管成功还是失败，豆豆都愿意勤奋持久地付出。面对艰难的任务，豆豆也愿意尝试，并把这视为成长的机会。

以牛牛为代表的孩子，成功的时候觉得自己运气好，失败的时候觉得自己能力不够。成功时，牛牛也就高兴一下又转而淡然（“这次运气好，下次谁知道还能不能成功呢？”）；失败时，牛牛马上觉得自己太笨了、太弱了（“反正做不到，还是不要尝试了”）。面对失败，牛牛自暴自弃；面对没把握的事，牛牛拒绝尝试——“上次都没成功，这次肯定也不行啊”。被逼急了，他就凑合着应付一下，然后反过来怪让他尝试的人——“我都说了做不到，都怪你逼我”。

根据心理学家卡罗尔·德韦克（Carol Dweck）的归因理论，豆豆属于掌握目标定向者，这类儿童把自己的成败归为自己可控的因素，这些儿童自尊更高，学习动力更强，具有成长型思维，把失败视为自己学习改进的机会。牛牛则属于习得性无助，这类儿童会把成败归为自己不可控的因素，并把能力视为不可改变的。习得性无助的儿童无法建立努力和进步之间的联系，没有控制感，不思进步，畏难退缩，缺乏有效的学习方法，不能坚持，具有固定思维，通常低自尊且常常自卑。

哪些因素会导致儿童发展成习得性无助呢？以下方式会助长习得性无助。

明知孩子能力不强，依然给出远超孩子实际能力的期望。比如现阶段是 60 分的水平，却希望孩子下次考 90 分；明明孩子做事慢，希望孩子突然变得雷厉风行。

当孩子失败时，挖苦、打击、贴标签，“你就是没用 / 你就是不能坚持 / 你就是喜欢放弃”。

当孩子成功时，夸赞孩子的特质“你真聪明 / 比别人厉害”，“聪明”“厉害”“了不起”“完美”这些特质都是孩子无法改变的，如果再失败他就会觉得是因为自己不具备这些特质，从而失去进步的动力。

帮助孩子正确归因，建立掌握定向归因的关键在于，家长要帮孩子把成败归为孩子可以控制的因素：要更努力、多练习、更专注、掌握更好的方法。

正确夸奖用“三夸”公式

发展 6~12 岁孩子的自尊，一种有效的方法是正确地夸奖，可以用“三夸”公式来概括：夸态度、夸努力、夸进步。夸得越具体越好。例如：

表 5 “三夸”公式的示范

无效夸奖	夸态度	夸努力	夸进步
做得好！	附加题很难，你没有放弃，很愿意接受挑战！	我注意到你花了 10 多分钟，试了很多方法去解开这道题，很好！	之前的附加题你完全没思路，这次能想出前两步，做得很好呀！
你真聪明！	你就是想独立完成这个拼图，对吧？这种不放弃的态度，可以帮你克服很多困难！	你已经拼了 1 个小时了，很多大人也没有你这么专注，就算没能完成，也已经很厉害了。	以前你拼不出来 1000 块的拼图，这次你是怎么做到的？

续表

无效夸奖	夸态度	夸努力	夸进步
考了 100 分，太棒了！	你认真对待了卷子上的每道题，100 分的结果就是对认真的最好奖励！	我知道为了这次满分，你做了很多练习，也花了很多时间去克服粗心的毛病，太棒了！	成绩比以前进步了很多，真为你骄傲！
你真厉害！	我知道你不喜欢做饭，看得出你在不断鼓励自己。	做饭的步骤确实复杂，你已经在很努力地切黄瓜了，给你点赞！	以前你可是连厨房都不愿进的，现在居然能帮我洗黄瓜了，进步很大哦！

为什么“做得好！”“你真聪明！”“考了 100 分，太棒了！”“你真厉害！”这类夸赞是无效的？因为这些夸赞模糊、标签化、结果导向，容易导致以下三种错误认知：

1. 依赖外部评价。如果无法得到他人的认可，就觉得自己没用。

2. 思维固化。被贴上的标签很可能无法改变。我做不到，是因为我不够聪明。不聪明这一点我无法改变，那就不要再尝试了。

3. 结果导向。我达到了某个结果就是好的，达不到这个结果就没有价值。

这样的认知会给孩子自尊的建立带来极大的打击。

而夸态度、夸努力、夸进步，能让孩子意识到：

我的选择很重要。我的态度由我决定，我的选择决定了事情的结果。

我可以通过努力取得进步。目前的不好是暂时的，我是可以改变的。只要付出努力并掌握方法，我就可以取得进步。

过程很重要。结果不是评价我的唯一标准，过程也很重要。

当孩子建立了正确的认知，他就不会因为一时的失败而全盘否定自己，能充分看到自己成长的可能性，并努力改善方法以取得进步。他的自我评价就会进入稳定的积极客观阶段，拥有稳定的高自尊。仅仅是夸赞方式的改变，就能产生惊人的效果。研究表明，孩子面对夸赞时的反应和成人面对奖金时的反应是一样的。重视过程的夸赞可以鼓励孩子失败后再次尝试，让他们更愿意接受有挑战的任务，进而掌握社交技能。

老师把雯雯的情况反馈给雯雯爸爸之后，雯雯爸爸也意识到平时对雯雯的关心和鼓励太少了，而且自己对于教育雯雯有很多误区。

他以为雯雯成绩很好，就不用操心，所以对雯雯的关心也很少。不知道雯雯因为丢了钢笔哭了一个小时，也不知道雯雯很希望有机会和朋友一起去书城买书。

其实他们很为雯雯骄傲，经常在朋友面前夸雯雯。但从来没有当着雯雯的面夸过她。相反，为了防止雯雯骄傲，爸妈总是挑雯雯的缺点反复批评，比如喜欢赖床、写作业拖拉。雯雯爸妈采纳了老师的建议。

更多关心雯雯的生活。给她买了新的钢笔，给她零花钱让她自己去买需要的书和文具。让雯雯知道，不管她的学习成绩好不好，爸妈都爱她。

不再盯着雯雯赖床和写作业拖拉的问题，而是让雯雯自己去解决问题。刚开始，雯雯赖床的问题更严重了。有一次，因为起太晚，差点错过校车，匆忙到学校之后因为没梳好头发，穿反了T恤，被全班同学嘲笑。还有一次，特别简单的抄写作业，雯雯居然写到凌晨，家人都睡了，只有她一个人在赶作业，第二天上课睡着被老师当着全班同学批评。经过这两次丢人事件后，雯雯赖床和写作业拖拉的问题开始有所好转。

爸妈不再总是问雯雯的成绩和活动结果。相反，他们告诉雯雯：

“我知道你很想出去玩。你已经很努力地管好自己了。燕子来找你，你居然拒绝了。做到了努力写完作业再玩。”

“你最近起床问题进步很大。不用我催就可以自己起来了。”

后来，雯雯升入 6 年级的时候，因为拼音的短板，她的成绩滑落得很厉害。这一次，雯雯没有急着否定自己，而是如实跟老师交代了她的问题。老师了解情况后也给出了很好的解决方案。从这件事可以看出，雯雯已经形成了稳定的积极自我评价和自尊。

在用“夸态度、夸努力、夸进步”帮助孩子发展自尊时，要注意这几点：

真诚。不要过度夸赞，虚假夸赞，为了安慰而夸赞。夸赞是孩子真实表现出了值得夸赞的态度、努力和进步时收到的奖励。比如妈妈夸孩子“你真棒”，反而被孩子责怪“不要，不喜欢”。当时的场景里，事实是孩子确实没达到老师的要求，无法完成吐词，孩子当天在发音这件事上确实不棒。这个时候为了安慰去硬夸“你真棒”，反而会适得其反。安慰孩子，可以在接纳孩子的情绪后，夸孩子的态度、看得见的努力，以及真实的进步。

具体。比如上面的例子中，“虽然这个发音对你来说很难，但你没有放弃，盯着这个发音练习了很多次”，就是一句具体的对态度和努力的夸赞。“上次你还发不出哥哥的音，这次已经能准确说了，有进步呀。我知道你练习了好多次才说来的。这一个妹妹的音，你多练几遍一样可以学会，不用着急”，这一句是对孩子努力和进步的具体夸奖，同时表达了期望，比“你真棒”“进步很大啊”这样笼统的、模糊的夸赞更有效。

我能做到：自信

9岁的晓琪想学游泳，为了防止晓琪中途退出，妈妈报班前跟晓琪约定：游泳课要按时全部上完。晓琪答应了。

第一次上课，晓琪双手趴在浮板上，练习双脚上下拍水。因为动作不标准，被游泳老师纠正了几次。当其他人可以独自趴在浮板上，用双脚拍打着水往前“滑行”时，晓琪还时不时地从浮板上掉下来，最后还呛了水。这时，晓琪要求上岸休息，之后在泳池旁磨磨唧唧，不肯再下水。

看到这个情景，晓琪妈妈马上过来鼓励晓琪：“你可以的，你能行。就像走路一样拍打双脚就行了，会走路就会拍打双脚。教练一直在你身边，很安全的。别担心。妈妈相信你。你看以前跳绳你也学了很久，后来也学会了。”

晓琪却说：“跳绳不一样，跳绳简单。游泳太难了，我害怕。”

妈妈又试着反向激将：“你答应过妈妈的，不能不遵守承诺。这么点小事就放弃，以后让我怎么相信你。你这次放弃，以后就不给你报其他班了。”

晓琪越来越激动，最后吼道：“不报就不报。游泳我也不学了，我什么班都不上了，反正我也学不会，呜呜呜！”说完把浮板狠狠地扔到水里，差点砸到其他人。

最后，晓琪妈妈彻底没辙了，请教练捡起浮板，带着晓琪离开了。

面对游泳这件事，晓琪的自信崩塌了。她不相信自己能学会，所以才抗拒再次尝试。怎么才能帮助晓琪重建信心呢？

自尊指的是不管这件事我是否能做到，我都觉得自己有价值，侧重于对自我价值的整体感知；自信指的是面对事情时我相信我能做到，侧重于对自己能力的信任。

自尊良好的人也可能不自信。例如，面对 1000 米的长跑任务，毛毛泰然自若地说："我肯定跑不下来，我还是坐在旁边嗑着瓜子看着你们跑吧！"哪怕他平时跑步成绩很好。

自信的人也有可能低自尊。10 岁的雯雯对自己唱歌很有自信，相信能入选合唱队，也愿意为了入选去争取，但是任何失误都会引发雯雯对自己价值的普遍怀疑，这是低自尊的表现。

健康的自信指的是不盲目自信，也不过度自卑。能做自己相信是正确的事情，哪怕这件事并不流行；愿意承担风险；承认自己的不足并从中学习；能接受赞美，也能接受批评。

健康的自信可以让人在个人生活、职业发展中更成功。研究表明，自信水平更高的人学业成绩更高，更有动力追求目标。自信本身跟自己的能力同样重要。当孩子相信自己能做到，他才愿意为了一件事付出努力，并最终掌握做好这件事的能力。

自信不是天生的，而且并不容易发展。特别是对于低自尊的人，自信的发展会更困难。自信的发展一般经历这样的过程：婴儿从出生起，能够从完成一件事中获得成就感。比如，我能扔出一个球让球动起来，我能开门、关门，我能搭高积木，我能数清爸爸吃了几颗樱桃。这种成就感就是自信的雏形。当成就感层层进阶时，儿童的自信也层层进阶到"我可以做很多事"。

但这种成就感会被两种情况打断，从而阻碍自信的发展：一是自己独立做事的机会不充分；二是自己独立完成的事情不能层层进阶。

自信的关键：不怕做错事

那么，如何培养孩子的自信呢？我们可以抓住以下几个原则：

1. 允许孩子犯错和犯㞞

"为什么这么简单的题他都不会？""为什么这么点小事他都㞞？"

我们经常会有这种想法，就像晓琪妈妈一样，认为在水里拍打双脚很简单，也很安全，她为什么要害怕呢？通常情况下，我们的这种认知传达到孩子那里，会让孩子更在意自己的错误并加深恐惧，从而导致容错率低且容易害怕。

打破这种认知的关键在于我们需要意识到：**孩子不想犯错**。人们天生希望自己做好，没有人想主动犯错。孩子犯错通常意味着他们还欠缺某些知识或技能，这也正是他们最需要大人协助的地方，是孩子的痛点。如果此时对着孩子的痛点进行批评指责，不仅不能帮助他们改进，反而会打击他们积极的自信心。孩子信心的丧失总是从反复被挑错开始的。

无论如何我们都不能否定其他人的情绪。害怕是孩子客观存在的情绪，这种情绪不会因为大人的不认可就消失，恰恰相反，我们越是不认可孩子害怕的情绪，孩子就越会陷在害怕的泥潭里。当允许孩子犯错时，孩子才会知道，犯错不可怕，相反，犯错是学习的机会。自信的人不害怕犯错，不是因为他们知道自己不会犯错，而是因为他们知道怎么从错误中成长。

当允许孩子犯屃时，孩子会在我们的接纳中学会自己克服害怕的情绪，并学会和害怕的情绪共处，进而实现目标。

2. 教会方法

自信来源于做成一件事后产生的成就感。我们可以多帮助孩子做成一件事，帮助他们频繁地体验到做成一件事后的成就感。

帮助的关键是**教孩子方法，而不是代办**。我教过一个 4 岁的小朋友多多，每次遇到剪纸任务时他就躲，因为他觉得自己学不会。通过观察我发现，他不会正确地操作剪刀，总是反手拿剪刀去剪，导致无法沿线剪。我教会多多正确拿剪刀的姿势后，他很快就能沿着线剪出动物的图案，对剪纸信心大增，从此再也不排斥剪纸任务了。

当孩子面对某个任务退缩时，除了接纳他的这种情绪，我们还要先了解他的断层点在哪——他欠缺什么方法和技能导致无法完成任务，然后再教方法。当然，教方法不能变成代办。“剪纸”例子里，如果大人直接拿过剪刀帮多多剪，那么他很难学会正确使用剪刀的方法。

3. 发现并抓住孩子的兴趣

总会有一种天然的动力去驱使孩子们完成感兴趣的事，因为他们更容易从中体会到成就感，以及由此带来的自信。因为一件事而产生的自信也能顺利迁移到其他领域。因此，如果一开始想培养孩子的自信，最好的切入点就是孩子感兴趣的领域。另外，我们可以抓住这个机会，把希望孩子掌握的技能融入他的兴趣里。

上面讲到的多多，本来就排斥剪纸任务，如果让他剪窗花，他多半会躲开。后来我发现他特别喜欢动物。他喜欢看有关动物的绘本，喜欢拿着动物玩偶玩儿。有一次班里举办主题是动物的活动，于是我安排了剪动物的任务：孩子们可以根据打印好的动物图片剪出自己喜欢的动物，然后把剪好的动物贴在纸上，做成一本专属动物书。

多多特别想做一本自己的动物书，于是他很勇敢地拿起剪刀，努力克服对剪纸的不自信。虽然不能一下子就学会正确拿剪刀的姿势，但他最后努力剪出了动物的轮廓，做出了自己的第一本动物书，他对剪纸的信心大大提升了。

自信公式：复述感受 + 重建认知

对于 0~12 岁儿童自信的培养，一个实用的方法是采用沟通公式：**复述感受 + 重建认知。**

复述感受指的是用“你觉得……”句式替孩子说出他们的心理感受，让他们觉得被看见和接纳，放下做不好的心理负担，并能在平静的情绪下继续和家长对话。

重建认知，就是让孩子知道害怕以及做不到很正常，没什么可耻的，而且这种现象也是暂时的，只要自己愿意学习就能学会。

通过复述感受和重建认知的练习，孩子会更愿意再次尝试，多加练习，完成任务，建立信心。

上文提到的晓琪，其实她对游泳是感兴趣的，只不过由于缺乏自信导致她有了放弃的想法。第二次上课，晓琪依然没能按照老师的要求完成练习，她再次呛了水，要求上岸休息（在晓琪心态改变之前，这是必然的）。

这一次晓琪妈妈改变了方法，她试着从晓琪的视角去理解晓琪的感受："你很想学会游泳，但是试了很多次动作仍没做对，你觉得很挫败。看到其他人都顺利完成练习了，你心里也很着急。"这时晓琪眼里已经闪着亮光，安静地听妈妈说，没有任何抵触。

妈妈继续说："呛水的时候很难受，你害怕自己又被呛到是不是？"晓琪点了点头。

看到晓琪的情绪恢复平静了，妈妈继续说：

"其实刚开始学游泳都会呛水。我刚开始学游泳时也呛过水，也很害怕。后来我开始练习憋气，把头埋在水下，头伸出来的时候先吐气，把鼻孔里的水喷出去，然后再吸气，就不会呛水了。你应该是没做好憋气的练习，才容易呛水。"

"你也不用跟其他人比。每个人的节奏不一样，你只要按照自己的节奏练习就好了，不要着急，哪怕这次报的课上完了还没学会也没关系。我们再报几节课，继续练肯定就能学会了。"

晓琪用不可思议的眼神看着妈妈，然后点点头。妈妈这个时候说："那你现在下水再试一试憋气，记得把头浮出水面的时候，先吐气，再吸气。"

晓琪仍旧犹豫。妈妈没有再说话，而是耐心等着。10分钟后，晓琪什么也没说，自己就下了水。过了一会儿，她高兴地跟妈妈说，她知道怎么先吐气，再吸气了。

妈妈问："那你现在要练习拍脚的动作吗？"晓琪点了点头，跑去找教练了。

事后，晓琪妈妈反思到：第一次沟通时，我怕她放弃了一次后就习惯性放弃，很着急，我希望她快点学会游泳，所以说出来的话听起来好像是鼓励，但其实是否定和催促，这才激起了晓琪的抵触心理。而这一次，我尽量不去想自己的担心和着急，而是从女儿的角度去理解她当时的害怕和挫败。晓琪从妈妈的话里感受到自己的慢、夙、胆小被接纳，就不抵触了，才会听妈妈继续说，进而被妈妈的话鼓励到。

第二次的对话之所以有效，在于妈妈帮女儿找到了解决的方法——不呛水的方法，并教女儿怎么正确呼吸。同时，把游泳这个大任务拆分成更容易掌握的两个步骤——呼吸以及脚部动作。晓琪掌握了呼吸方法之后，信心提升，也就更愿意做出进一步练习脚步动作的努力。

在使用“复述感受+重建认知”这个公式的时候，需要注意几点：

不要期待一次就奏效。要做到精准复述孩子的感受其实并不容易，有时我们复述孩子感受时，孩子不为所动，那可能是因为我们并没有说中孩子的感受，这时候可以多尝试几次。

孩子的信心会反复波动。这个公式很好用，不意味着用一次就可以一劳永逸。事实上，孩子的信心是波动的，有时在波峰，一推就走；有时在波谷，怎么都拽不动。我们能做的就是，多次邀请，多次鼓励，并始终尊重孩子所做的决定。

忌回避错误。有时我们可能因为孩子已经没有自信了，不忍心再让孩子有更大的负担，而回避错误。很多时候，孩子学不会往往是使用错误的方法导致的，这时候就需要家长及时指出错误。就像晓琪妈妈第二次就及时指出了晓琪错误的呼吸方法。

我能实现目标并知道怎么实现目标：自我效能感

2009 年，我在云南农村支教，教初一语文。当时班里的学生喜欢周末去山里采野蘑菇。山里有一个被当地人称为龙潭的天然湖，把山分成了东、西两部分。西边小径畅通，坡度平缓；东边野草丛生，地貌复杂。当地人一般去西边的山里捡蘑菇。

一个周末，3 位学生邀请我加入她们的采蘑菇队伍，我欣然前往。我们在西边的山里转了一大圈，只采到了 3 个小个头，大家都很失望。这时，玲玲提议去东边的山里试试。但是东边的山大家都没去过，也不一定有蘑菇，反而有迷路的危险。

正当大家犹豫的时候，玲玲说：

“我们沿着龙潭边往北走，只要龙潭一直在视线里我们就不会迷路。现在时间也还早，我们走慢一点儿，最多往北走一个小时，然后原路返回，大家也不会太累。今天天气很好，不会下雨。哪怕见不到蘑菇，到山里走走也挺好玩的。而且最近雨水多，山里蘑菇应该挺多的。”

几句话就清楚分析了形势，规划了路线，规避了风险，坚定了目标。大家一下子就被玲玲说服了，我们 4 个人走向了东边的山。果然，那里有很多蘑菇，大家也都是采蘑菇高手，很快就装满了一袋。

这时玲玲又说：“我们还是先把这些蘑菇拿回家，让阿嬷看一下，没毒再炒来吃。妈妈说过，同一种蘑菇长在不同的山里可能毒性也不一样。”

玲玲的表现让我非常惊叹。她表现出来的不单是自信——我能做到，还包括对活动的高度投入，主动迎接挑战，根据自身能力规划出实现目标的路径并执行，且灵活调整路径，并做好风险规避。这是高自我效能的例子。

美国著名心理学家、社会学习理论创始人班杜拉把自我效能定义为：一个人相信自己有采取一系列行动实现特定目标的能力，自我效能感是人对自己在特定情况下有能力成功的信念，这种信念决定了人们如何思考、行动，以及感受。高自我效能的人会对参与的活动高度投入，快速从失败和失望中修复，将挑战视为将要被掌控的任务。就像玲玲这样。

自信和自我效能之间的界限并不明晰，很多情况下两者可以互相替换使用。不同点在于：自信是一种相信我能做到的普遍积极心态，不针对某种具体目标，也不包括对实现目标路径的分析；自我效能不仅仅局限于我能做到的普遍信心，还延伸到成功实现目标的全链条——设定目标、实现目标的策略，以及对表现的反思，自我效能指针对某一具体目标相信自己能做到，同时也能客观分析实现目标的路径。

自尊、自信、自我效能的区别：

自尊：我有价值。

自信：我有能力做到想要做的事。

自我效能：我能实现这个目标，我也知道为了实现目标应该采取哪些行动，且我有能力学习新事物，应对不熟悉的情况，处理突发状况和困难。高自我效能是成功的必备品质，特别是在体育竞技领域。

自我效能的 4 个来源

班杜拉认为自我效能来源于以下四个方面：

直接的成败经验。成功完成一个任务就是自我效能感的最好来源。

替代性经验或社会示范。看到和自己相似的人通过努力获得成功，可以提升一个人的信念：如果我也这么努力，我也能成功。

言语劝说。人们可以在被劝说的过程中建立自己能成功的信心。

情绪的唤起。情绪、身体反应、压力水平都会影响我们对自己能力的信心，特别是人们对于情绪和身体反应的解读，这一点会在下一节详细阐述。

我们在培养孩子的自我效能时，也可以从以上四个方面入手。比如，多让孩子参与不同的任务，获得完成任务的成就感；鼓励孩子和优秀的同龄人玩耍，获得同龄人的示范；给予语言的鼓励，多告诉孩子“相信你能做到的，再试试吧，你可以的，加油”；帮助孩子调节情绪，让他们多数时间处在愉悦轻松的情绪里。

玲玲为什么在初一就具备这么强大的自我效能呢？我去玲玲家做了几次家访，发现玲玲成长的几个关键点，与班杜拉的自我效能 4 大来源高度契合。

从小独当一面。玲玲的父母常年在外打工，每年农忙时节才能回家。玲玲和奶奶相依为命。奶奶耳聋背驼，干不了重活。玲玲从小就要负责干农活、干家务。播种、施肥、除草、浇水、做饭、扫地、收拾房子，她都是好手。其中对于她来说最难的是做饭，她要先判断菜园里哪些菜可以吃了，哪些菜要尽快吃，怎么才能照顾到奶奶的口味。每周的做饭规划都相当于解一个运筹学问题。玲玲从高频的实战里获得了梳理实现目标路径的能力，做事情的思路特别清晰。玲玲完成的每个任务都给她提供了直接的成功经验，让她对自己的能力非常有信心。

愉快的家庭氛围。玲玲算是留守儿童，但她没有安全感缺失问题。玲玲说，爸爸妈妈每次农忙回家都会给她带礼物，即使是干农活很累了也会抽时间为玲玲做好吃的，一家人很爱说笑。爸爸妈妈抓住在家的有限时间，给了玲玲高质量的陪伴。因此哪怕是父母不在身边，玲玲也能时刻感受到家人的爱和温暖。这给了玲玲接受风险、迎接挑战、追求目标的底气。

奶奶的乐观和夸赞。玲玲的奶奶是最近几年才聋的，听不到之后，话说得也少。但奶奶一直笑眯眯的，很温和。她也闲不住，每天扫地、搓玉米、纳鞋底。玲玲的鞋子、书包都是奶奶做的。不管玲玲做了什么饭，奶奶都夸她做得好吃。奶奶既为玲玲树立了坚强乐观的榜样，也给了她足够多的积极反馈，增强了玲玲的信心。

玲玲的学习成绩在班里并不是特别突出，但她无疑是班里综合能力最强的孩子之一。只要参与了一件事，她总能很好地完成。她也具备领导力，班里同学都愿意跟她玩，听她指挥。我支教的初中，最后只有大概 20% 的学生能考上高中，5% 能考进大学。在这样激烈的竞争环境下，玲玲顺利考入高中。高考时，因为 4 分之差，玲玲和大学失之交臂。没有上大学的玲玲走出家乡，在大理古城开了一家银器店。现在玲玲已经是两个孩子的妈妈，定居大理，打理着银器店的生意。

我能理解情绪：情绪识别、理解、标记

6 岁的妙妙，容易哭闹，爱发脾气。跟爸爸比赛写数字“1 到 10”，看谁写得快。妙妙输了，就边哭边打爸爸。爸爸批评她两句，她就把纸、笔扔到爸爸脸上，哭得更凶了。爸爸想了想，其实妙妙 2 岁就开始这样了。

面对自己控制不了的事情时，通过哭和发脾气表达不满。吃饭时，饭粒从勺子里掉出来，她就会着急地哭。要是掉到地上了，会哭得更久。

特别爱说“不”。尝试跟她沟通，她又理解不了。有一次，她想看动画片，说好就看 15 分钟，她也答应了。可过了 15 分钟，她却耍赖，还要看。妈妈说这样对眼睛不好，她哭闹着就是要看。后来，她要求爸爸陪她玩，因为爸爸要工作不能陪她，她就控制不了情绪，使劲拍打爸爸。

有时她的脾气来得莫名其妙，妈妈甚至不知道她为什么会发脾气。4 岁时，幼儿园要求小朋友带汗巾。出门前妈妈让她自己取汗巾，她却说：“我不带汗巾。”妈妈把汗巾拿给她，她就直接扔掉。有次她要和妈妈去商场，出门前妈妈让她去卧室拿自己的外套，她非说：“我害怕，卧室有鬼。”哭着不愿意去。

妙妙已经 6 岁了，这种情况不仅没有好转，反而更糟了。老师多次跟妙妙妈妈反映，妙妙在幼儿园经常跟同学起冲突。有一次，一个同学不小心碰倒了她搭的积木房子，她立马就用手打那个同学的头，好在老师及时制止了。妙妙就要升小学了，她的妈妈很担心妙妙的这种状况。

妙妙表现出了严重的情绪管理问题。如果这种状况得不到好转，那么面对更复杂的社交环境和更严格的学习要求，妙妙会出现严重的不适应，轻则耽误学习，重则无法适应学校生活。

情绪管理模型

根据耶鲁大学情绪智力中心创始人马克·布雷克特的情绪管理能力模型，情绪管理包括五个方面：识别情绪（recognizing emotion）、理解情绪（understanding emotion）、标记情绪（labeling emotion）、表达情绪（expressing emotion）、调节情绪（regulating emotion）。

识别情绪是指能够感受到情绪的出现、变化、消失。比如，孩子心爱的玩具被抢走了，他放声大哭。孩子能够感受到，玩具被抢时出现了一种让人不舒服的感觉，这种感觉刚开始很强烈，但是过一会儿就消失了。这就是最初对情绪的识别。婴儿 2 岁前就已经能识别人类大多数情绪。

理解情绪是指知道这种情绪是因为什么引起的，会引起我们的身体产生怎样的变化，给我们带来怎样的感受，会怎样消退。孩子玩具被抢了，孩子觉得很难受，感到心跳加速，呼吸急促，试图伸手去抢回自己心爱的玩具，抢不到就开始大哭。此时孩子理解这一系列感受和身体变化是因为玩具被抢引起的。同样地，妈妈给孩子唱他喜欢的儿歌，孩子咯咯地笑，孩子能理解，这种愉快的感受和笑声是妈妈的歌声带来的。孩子从 2 岁开始就能够慢慢理解情绪产生的原因、结果和行动标志。

标记情绪是指用准确的图片、文字等来标记情绪。从 2 岁开始，孩子就可以用图片去标记情绪，比如玩具被抢之后的情绪对应一张生气的脸，妈妈给自己唱歌的情绪对应一张笑脸。3 岁左右，孩子可以用准确的词汇去标记相应的情绪，孩子可以用“生气”这个词标记玩具被抢的感受，用“开心”这个词标记妈妈给自己唱歌的感受。

以上步骤是内隐的，发生在个体的感受层面，其他人无法看到。

表达情绪是指面对情绪，我们对是否表达、何时表达、在哪表达、对谁表达，以及如何表达（表情、动作、话语）的考量。对于婴儿，情绪的表达是一种本能，愤怒时大哭，兴奋时手舞足蹈，这些表达是不分时间、地点的。3 岁左右，孩子开始对情绪表达加入现实的考量。有一位曾妈妈反映，她家 3 岁多的宝贝，在外面摔倒了从来不哭，在家轻轻碰一下就掉眼泪，这说明这个宝贝已经能根据不同的场合决定是否表达情绪。

调节情绪是指我们影响自己的情绪体验和情绪表达的过程。我们可以采用各种情绪调节方法，从激烈的情绪中恢复平静，让情绪流动起来，保持平衡积极的情绪体验。比如，伤心的时候看电影，生气的时候深呼吸、写日记、做瑜伽，都是情绪调节的方法。人类婴儿很早就会通过吮吸手指或把脸转开来缓解不适。

表达情绪和调节情绪的过程是外显的，其他人可以通过我们的行为观察到我们的情绪体验。

情绪的识别、理解、标记、表达、调节会随着成长自然而然地发展。孩子出生后，随着年龄增长，他们的情绪体验越来越丰富，能识别的情绪之间的差别越来越细微，能用越来越精准的词汇来标记情绪，对表达情绪的考量越来越多样，调节自己情绪的技巧也越来越高超。2 岁左右，孩子开始明白玩具被抢时的难受、打针时的难受和看到妈妈哭的难受，是不一样的。5 岁左右，孩子也开始用不同的词汇去标记不同程度的情绪。玩具被抢是生气，被人用积木重重地砸了脑袋是愤怒，妈妈给自己唱歌是开心，妈妈带自己去游乐场玩了好久是兴奋。5 岁的孩子，可以根据不同对象、时间和地点，转化自己表达同一情绪的方式。7 岁的孩子已经能够熟练地通过冥想缓解焦虑。

怎么才能促进孩子情绪管理的能力呢？以下几点是经过研究证实的方法：

形成安全依恋的孩子，3 岁后能更好地理解别人的情绪。

如果家长学前认同孩子的情绪反应，经常和他们一起谈论各种情绪，尤其是在假装游戏中，这样他们以后判断别人的能力就越强。

语言有助于增强儿童的情绪调节能力，儿童可以运用语言自我安慰。

和气、耐心地提出建议，教孩子怎么控制情绪，这样的家长可以帮助孩子增强抗压的能力。

看见和接纳的魔法

这一章我们主要阐述情绪的识别、理解、标记这三个内隐过程，帮助孩子识别、理解、标记情绪的关键就是看见和接纳儿童情绪本身。具体怎么做呢？

1. 不带评判地接纳

“孩子和他的朋友正在玩滑梯，突然来了几个陌生小朋友，他就不敢滑了，躲到一边。”这是几位妈妈向我咨询过的问题。同样的场景，妈妈们的回应却不同。

一位妈妈说：“妈妈知道你胆小。没关系，等你长大了就好了。”另一位妈妈说：“别害怕。这些小朋友又不会欺负你，而且妈妈就在旁边。有什么好怕的？”还有的说：“你看你的朋友都没有躲开，怎么就你躲开了呀。你要学学他们。”

而孩子们的反应都相同：要么躲得更远，要么开始掉眼泪。为什么会这样呢？

“妈妈知道你胆小”是在给孩子贴标签。孩子见到陌生人表现出了应有的警惕，并做出躲避反应，这很正常，我们却不能因为这种行为而给孩子贴上胆小的标签。这种标签反映出的是家长对躲避行为的不接纳。“没关系，等你长大就好了”则暗示孩子：胆小是有问题的，我不想管现在这个有问题的你，等你长大没问题了再说吧。

“别害怕”是对孩子害怕情绪的否定。在大人眼中，这个问题很简单，不值得孩子害怕，但孩子害怕的情绪是真实存在的，不因家长不认同就消失。任何情况下，我们都无法否定其他人的情绪。

“你要像你的朋友那样”是对孩子个人的否定。为什么其他人不害怕，就自己害怕呢？这可能也很困扰孩子。如果这时我们暗示出“学学他们”之类的想法，孩子会产生“妈妈喜欢其他小朋友，不喜欢自己”的想法，如果反复出现这种想法，就很容易让孩子产生深深的羞耻感。低自尊往往起源于这个时候。

以上三种回应都带有父母的评判：你的行为不对，你的感受不对，你不对。在这样的回应里，孩子感受到父母对自己的排斥，压力增大，进而采用情绪化的方式抵触父母的评判。归根结底，孩子抵触的是父母语言里透露出的不接纳。

那么，不带评判的接纳是什么样的呢？“你不确定这几个陌生小朋友会不会伤害你，你觉得害怕，所以躲开了，对吗？”——客观描述孩子此时的想法和感受。不带有“好”或“不好”的评价，不做勇敢或胆小的判断，这就是不带评判的接纳。接纳是有魔法的，一旦孩子感受到被接纳，压力就会下降，进而平静地思考解决办法。

让孩子感受到被接纳的办法，就是客观描述孩子的想法、感受和行为。想法是孩子此时是怎么想的；感受是孩子此时的感觉，是害怕、难过、高兴，还是骄傲；行为则是能观察到的孩子的一系列动作。想法、感受和行为之间互相影响，这就是认知行为理论的核心。其中认知就是想法，情绪就是感受。

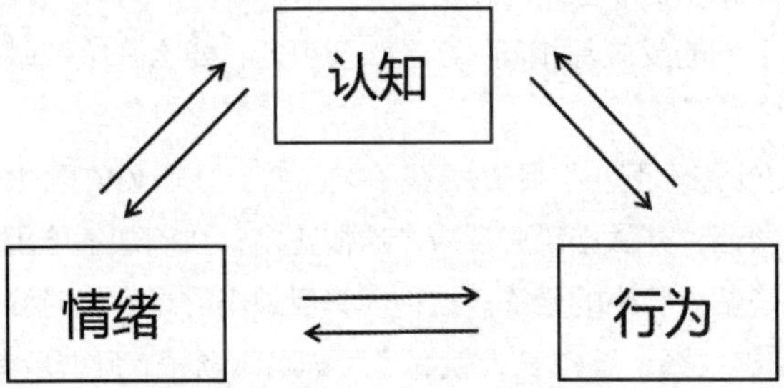

图 3　认知行为模式概述图

客观描述的难点在于，行为就像浮在水面上的冰川，是我们能看到的 30%，而这 30% 则由水面下占 70% 的认知（想法）和情绪（感受）所决定。而认知（想法）和情绪（感受）发生在孩子头脑中，是孩子的内心戏，我们看不到，只能去猜测：他是怎么想的，他有什么感受。猜对了，就是有效认同和接纳；猜错了，则会激起孩子更剧烈的负面情绪。

2. 拿捏孩子的内心戏

以下方法可以帮助成人更好猜对孩子的想法和感受。

①换位思考。

也就是从儿童的视角去体会他们内心的想法和感受。

幼儿园孩子都很喜欢户外活动。一天，又到了放学前的户外时间，其他小朋友纷纷把书包放在了操场旁的空地上，跑去操场上撒欢了。只有俊俊独自坐在自己的书包旁。询问原因后，俊俊表示自己不想玩，他想看着自己的书包。

如果从成人视角来处理这件事，可能会这样：每个人都要参加集体活动，俊俊不参加就违反了班级公约。所以老师可能会用违反公约的后果促使他加入集体活动："这是集体活动，你不参加就违反了班级公约，下次户外时间就不能出来玩了。"或者使用榜样法："你看其他小朋友都去玩了，你平时都很听话，今天也要做个听话的孩子。"这些方法往往都是无效的。

如果代入俊俊的视角，事情就变成了这样：俊俊平时都很喜欢户外活动，为什么今天却一反常态？为什么他要看着自己的书包？哦，他今天戴了自己最喜欢的电话手表，但是按照活动规定，电话手表只能放进书包里，不能戴在手上。他一定是担心弄丢书包里的电话手表。

于是我说："俊俊，你看那里的保安叔叔，他会保护所有小朋友的书包，你的电话手表很安全。放心吧！现在你可以去操场上玩了。"听了这句话，俊俊立马两眼放光，健步如飞地跑到操场上加入集体活动中了。

②套用万能公式。

孩子的每个行为背后都有其目的，特定的目的驱使孩子做出相应的行为。明确这个目的非常关键，只有知道了孩子的目的，才能提出有效建议，帮助孩子用合适的方式实现目的，而不是乱发脾气。洞察孩子行为背后的目的，可借助一个万能公式来进行：一是他想得到什么；二是他要避免什么。

孩子想要得到的，可能是求关注，比如故意把盘子敲得叮当响，内心戏可能是“妈妈来陪我吃饭”；可能是某个物品，比如赖在商店不肯走，大概率是想要买奥特曼卡片；也可能是想获得某种体验，比如总跑去树林里，可能就是为了体验捡树叶的快乐。

孩子想避免的，可能是困难的任务，比如不肯收玩具，是因为收玩具对他来说太难了，于是他就避免收玩具这个任务；可能是自己讨厌的物件，比如不愿意去阿姨家拜年，仅仅是因为讨厌阿姨家的狗，“它总扑我”；也可能是讨厌的人，比如不想上舞蹈课，因为舞蹈课上的悠悠总欺负自己，不想见到他。

明确了孩子行为背后的目的，我们就可以提出有效建议，教孩子用正确的方式达到目的。

如果孩子的目的是想获得什么，那么可以教孩子用合理的方式得到。比如：

“你想让妈妈陪你吃饭（描述想法），那你用嘴巴说出来（提建议），敲盘子的声音会让妈妈很不舒服。”

“你想买奥特曼卡片（描述想法），可以等到下次约好的买玩具的时间再买（提建议）。”

“你想去树林里捡树叶（描述想法），第一，捡了后要将树叶放进塑料袋里，不能把它塞口袋里，那样会弄脏衣服；第二，捡完了必须洗手（提建议）。”

如果孩子的目的是避免什么，那么可以帮他扫清障碍，并坚持合理的结果。比如：

“不收玩具那就不可以玩玩具（合理结果），妈妈可以教你怎么收拾，我们一起练习几次（扫清障碍），你就会收玩具了。”

“去阿姨家拜年是我们约定好的，如果不遵守，那我们之前约好的看电影计划只能取消了（合理结果）。我会请阿姨把狗关起来（扫清障碍）。”

“舞蹈课是你想上的，你很喜欢跳舞（描述想法）。我已经跟老师说过了，下次如果悠悠再欺负你，你就举手告诉老师，老师会帮你的（扫清障碍）。”

③多观察。

对孩子想法和感受的推测，要基于孩子的客观行为，而不是我们的主观判断。观察得越细致，对孩子行为的分析就越客观。比如有妈妈说：“3 岁的孩子总喜欢推人。”这个描述其实很模糊。什么叫总喜欢推人？这时候需要家长细致地观察：孩子一般会在什么情况下推人；推人行为的频率是怎样的——平均一周 3 次还是一天 3 次；是谁都会推吗，还是只推特定的人？他会推其他东西吗？

如果孩子不仅喜欢推人，还特别喜欢推门、推车，推他能推的一切，那这种行为的目的大概率就是获得“推”的体验。对这种行为我们采用的客观描述就应该是：“你喜欢‘推’这个动作，想推很多很多东西，可以去推门和车，但不可以推其他小朋友。”

如果孩子只在被其他小朋友冒犯的时候推人，那他推人的目的，很可能是避免被其他小朋友伤害。这种情况下，家长对推人行为的客观描述就应该是：“阳阳拿了你的积木，你想保护自己的积木，就把他推开了。保护积木，应该用嘴巴大声说‘请停下’，推人的动作是不对的。”

以上分析仅通过观察一次推人动作是无法完成的，需要多观察孩子某一行为发生的场合、频率、方式，通过细致的观察获取全面的信息，从而帮助我们客观解读孩子的想法和感受。

④猜测并求证。

即使家长们已经做到了换位思考，套用了万能公式，观察得也足够细致，可能依然无法把握孩子的想法和感受。这时候我们可以用猜测并求证的方法，让孩子告诉我们答案。

7 岁的成成拒绝参加幼儿园的走秀表演。成成个子高，体育很好，平时也积极参加各种活动。为了这次走秀，妈妈还特意给他准备了唐装，班里组织练习走秀的时候他也没有排斥过。作为老师，我也不明白，为什么他突然拒绝参加最后的走秀。问他原因，他就反复说：“老师，我就是不想参加嘛。”问急了，他就低头不说话了。这时，我只能盲猜。

“你是怕走不好吗？”他摇头。

“你不喜欢自己的衣服吗？”还是摇头。

“家人批评你了，你心情不好？”继续摇头。

他忽然问我：“老师，表演完会有很多人拍照吗？”

问题可能出在拍照这儿了，我继续追问：

“你是不喜欢拍照吗？”他点点头，又摇头。

我感觉自己很接近答案了：“你是怕拍出来不好看？”

他害羞地点点头，说：“我不知道怎么摆 pose。”

“你不需要摆 pose，走秀的时候会有摄影师拍照。如果你想摆 pose，我们现在就可以准备一个结尾 pose。”

成成最终还是决定要一个结尾 pose，并在我的帮助下锁定了 pose 动作，最终顺利完成走秀。

猜测并求证这种方法，放在不会说话的婴儿和学步儿身上同样有效。有一位妈妈曾向我咨询：孩子 4 个月了，妈妈抱就没问题，奶奶一抱就哭。怎么办？

4 个月的婴儿还表达不出自己的感受，我们只能通过猜测并求证的方式来寻找原因：是奶奶抱的姿势婴儿不喜欢吗？（猜测）那奶奶可以换成妈妈抱的姿势。（求证）如果婴儿不哭了，表明猜测正确。如果婴儿依然哭，那么可能不是拥抱姿势的问题。继续猜测并求证：是奶奶衣服上有婴儿不喜欢的气味吗？（猜测）那奶奶可以换件衣服抱。（求证）

当成人求证时，婴儿会通过趋向或逃避的行为做出回应，从而让我们判断这一猜测是否正确。婴儿的眼神、表情、动作就是他们的“婴言婴语”，能透漏出非常多有价值的信息。

3. 示范

情绪的识别、理解、标记是内隐过程。我们看不到孩子的情绪，孩子也看不到我们的情绪。家长需要示范出自己对情绪的识别、理解和标记。这个示范的过程叫公开说出（speak out），就是把内心感受描述出来。家长描述得越频繁，孩子对情绪的识别、理解、标记就越到位，并能学着家长的样子去理解和标记自己的情绪。

我们可以使用“我觉得……/你觉得……/他觉得……”的句式，抓住生活里我们出现情绪的一刻，用语言描述出来，进行示范。比如：搭了很久的积木倒了，孩子气得直跺脚，哭鼻子，这时父母可以趁机说：“积木倒了，你觉得很生气。”再比如“我刚擦完地板，你就打翻了颜料，我觉得很生气”“奶奶生病了，我觉得很担心”“你的朋友哭了，他觉得很伤心。我们给他个泰迪熊吧”，等等。孩子会从家长的描述里逐步加深对情绪的识别、理解、标记，并慢慢学着家长的样子，说出自己的情绪。

让情绪可视化的工具

教孩子识别、理解、标记情绪的另一个有效方法是：**让情绪可视化。**

让情绪可视化，指的是把冰川下看不到的感受用图片、语言、动作等可以看到的方式呈现出来。这样做的意义在于：一是帮助孩子识别和理解情绪；二是帮他们用准确的词汇标记自己和他人的情绪，更好地与他人交流自己的感受。这为情绪的调节和表达，以及社交活动打下了坚实基础。

让情绪可视化的工具有很多，这里介绍非常实用的两个：

1. 情绪表

情绪表是马克·布雷克特博士“RULER 情商发展模型”中的核心工具。因其实用性和有效性被美国 1200 多所学校所采用，并被推广到澳大利亚、西班牙、墨西哥等国，在全球范围内帮助上千万学生发展高情商。美国幼儿教育协会把情绪表誉为有效示范情商技巧的心脏，是学生做好学习准备的关键。美国大多数幼儿园和小学的学生的一天都是从把自己的头像贴在情绪表上开始的。

情绪表有两个轴——横轴和纵轴。横轴代表主观的愉悦度，从左（-5）到右（+5），愉悦度依次增加。横轴 -5 代表非常不愉悦，比如生意失败、赔本欠债；横轴 +5 代表非常愉悦，比如刚刚拿到一笔可观的奖金。纵轴代表身体里流淌的能量值，从下（-5）到上（+5），能量值依次增加。纵轴 - 5 代表能量值极低，比如身体被掏空，只想“葛优瘫”；纵轴 +5 代表能量值爆表，比如精力充沛，可以登顶乞力马扎罗山。

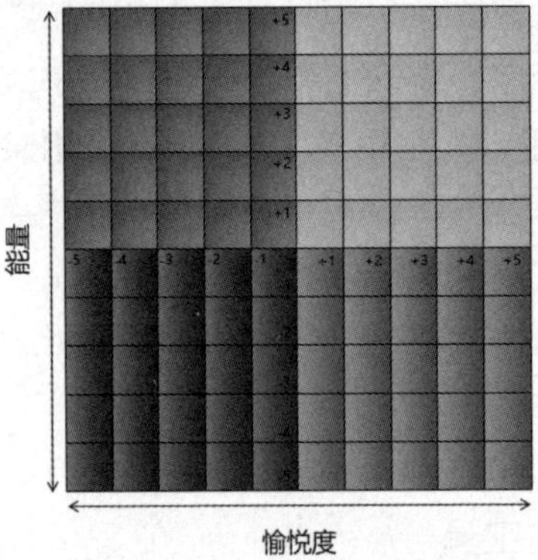

图 4　情绪表 1

横轴和纵轴联合划分出 4 个象限，人们感受到的情绪可以被归入这四个象限。第一象限表示高愉悦度、高能量值，比如快乐、高兴、兴奋、激情、狂喜；第二象限表示低愉悦度、高能量值，比如紧张、愤怒、挫败、生气、害怕；第三象限代表低愉悦度、低能量值，比如伤心、失望、绝望、孤单；第四象限代表高愉悦度、低能量值，比如平静、休闲、满足。

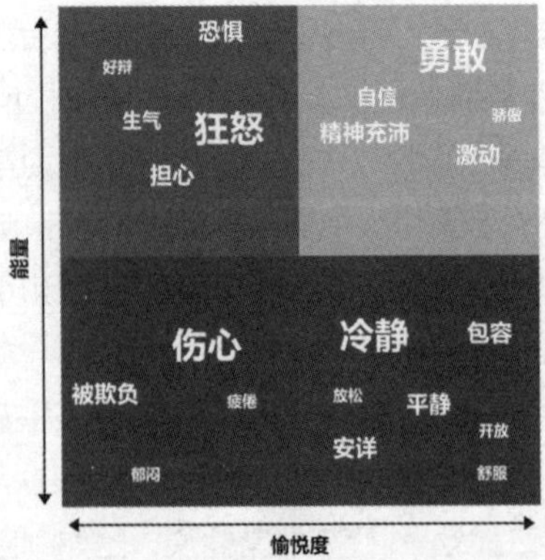

图 5　情绪表 2

情绪管理的难点在于：我们很多时候无法清楚分辨自己的情绪；不同人使用相同的情绪词汇，表达的感受可能非常不同。比如：10 岁的明明跑步时被同学绊了一下，导致摔倒并最终输了比赛，他特别想冲上去打这个同学。我们应该怎样描述明明此时的感受呢？生气、伤心、愤怒、挫败、痛苦，还是失望？有了这张情绪表，我们就能更好地理解情绪，并选择合适的词汇去描述孩子复杂的感受。

对于 0~12 岁孩子来说，这张表让每种情绪代表的含义可视化，对于儿童识别、理解、标记情绪不可或缺。借助这张情绪表，当儿童出现某种情绪时，他们能察觉到情绪，明白这种情绪属于哪一类，背后的愉悦度和精力值是怎样的，进而能用合适的词汇标记自己的感受。

那么，这张表具体怎么用呢？对于 3~6 岁孩子，可以使用下面的简单版本——每个象限被赋予一种最具代表性的情绪。第一象限 = 高兴，第二象限 = 生气，第三象限 = 伤心，第四象限 = 平静。日常生活中可以让孩子把自己的头像贴在对应的情绪上。讲故事时也可以请孩子描述一下，故事里的某个人物现在处在哪个象限，为什么。跟孩子沟通时，我们也可以指出自己情绪所处的象限，帮助孩子理解家长此刻的感受。

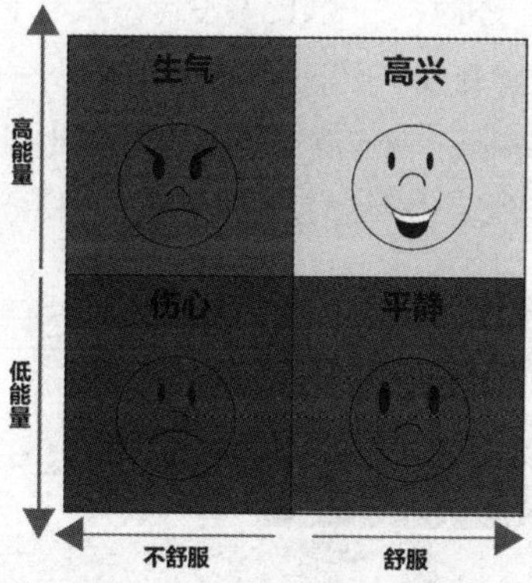

图 6　3~6 岁儿童情绪表

对于 6~9 岁孩子，这 4 个词可以扩展到 16 个词，家长要引导孩子学习分辨每个象限里不同感受之间的差别，明白不同情绪的前因后果。比如第一象限里不仅有快乐，还有开心、兴奋和狂喜。

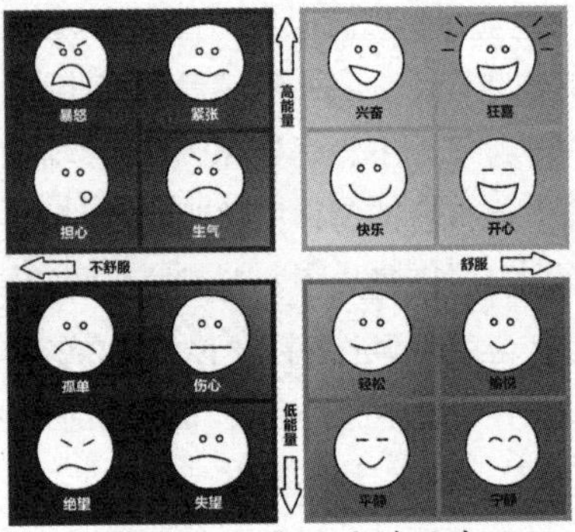

图 7　6~9 岁儿童情绪表

到了小学高年级（9~12 岁），孩子能理解、分辨更多情绪间的微妙差别。同时也开始知道，不同的人面对同一事件会有不同情绪，一个人也可以同时经历多种情绪。前面提到的明明，经历跑步事件后，他当时的感受非常复杂，包括低愉悦度、高能量值的暴怒——想要冲出去打同学的感受，以及低愉悦度、低能量值的失望和伤心——本来可以取得名次，却因为意外输了，他很想哭。可是没有人安慰他，所有人都阻止他打同学，还说：“一次比赛没什么大不了的，以后机会多的是。”这个时候他又感受到了更低愉悦度的孤独——这个世界上没有人理解自己。一张情绪表，就能清晰呈现出明明此刻的复杂感受。这种对自己感受的深入察觉和接纳就是高情商的表现。

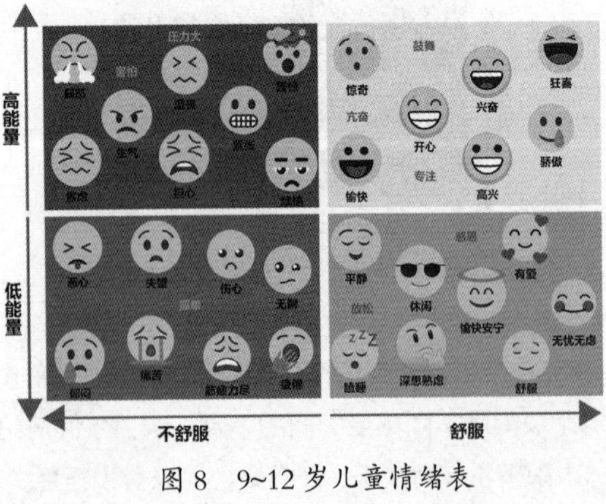

图 8　9~12 岁儿童情绪表

2. 情绪轮盘

美国心理学家罗伯特·普拉切克（Robert Plutchik）的情绪轮盘也是让情绪可视化的有效工具。这个轮盘从内到外分为三个圆环。中间的圆环呈现了人类的 8 种基本情绪，包括害怕、惊讶、难过、厌恶、生气、盼望、喜悦和信任。最外圈的圆环是这 8 种基本情绪的弱化版，用更浅的颜色代表；最里圈的情绪则是这 8 种基本情绪的加强版，用更深的颜色代表。比如中间的基本情绪是害怕，外圈的弱化版就是紧张，里圈的加强版就变成了恐慌。我们可以把轮盘打印出来，贴在墙上，用以帮助孩子识别情绪。轮盘上的 32 种情绪可以一直用到初中。

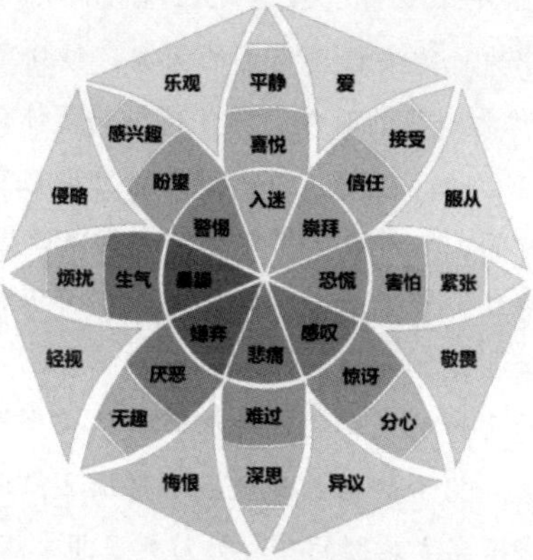

图 9　情绪轮盘

妙妙的爸爸妈妈花了一段时间学习了情商发展的知识和方法，对妙妙的养育方法做了一定调整。考虑到妙妙目前的情绪管理水平很低，他们先在家里引入了只有四种情绪的情绪表，并把家长的头像都贴在情绪表旁边。

有一次，妙妙跟爸爸玩游戏又输了，她气得边哭边拍打爸爸。这时爸爸推开她，走向情绪表，把自己的头像移动到“伤心”蓝色象限，并说：“你打我，这让我很难受，我现在什么都不想做，只想安静一会儿。”爸爸离开了，留妙妙一个人在原地哭喊。

5 分钟后，爸爸回到妙妙身边，看着她说：“你可以去移动自己的头像，这样爸爸才知道你是什么感受。”妙妙流着鼻涕，带着哭腔，把自己的头像移动到红色的“生气”。爸爸说：“玩游戏输了你很生气，生气的时候你心里像有一头喷火的龙一样，烧着你的心，你的手不听话，就打了爸爸，你还想扔东西。”妙妙点了点头。爸爸接着说：“生气的时候你可以哭，可以喊，但是不能打人。打人会让爸爸感到伤心。”妙妙继续一个人哭了一会儿，但是没再嘶吼，也没有扔东西和打人。

类似使用情绪表的场景在家里重复了很多次。一个月后，有一次他们打算去户外玩，妙妙让妈妈帮她穿鞋子，被拒绝后她开始哭，并且打妈妈。妈妈说：“打人是没用的。你穿好鞋，我们就出去玩；不穿鞋，就不出去了。”她收回手，坐在地上哇哇大哭。哭了很久，感到累了后，妙妙气冲冲地跑去移动自己的头像，移到了红色的“生气”。妈妈问她：“刚才你打妈妈的时候，你觉得妈妈是什么感受？”妙妙指了指蓝色的“伤心”，然后“哼”了一声，终于自己穿鞋子出去了。

又过了一段时间，妙妙在玩搭乐高，但她就是无法按照图片上的模型搭出房子的形状，于是她开始大哭并推倒了所有的乐高。妈妈在旁边看着她，忍住了干预的冲动。妙妙哭了一会儿，发现妈妈没有理她，就气哄哄地跑去情绪表那里把头像移到了“生气”。没有扔东西，也没有在地上打滚。20 分钟后，她还在小声抽泣，妈妈问：“你想继续玩乐高，还是收好乐高去玩别的？”妙妙想了想，然后自己收好乐高，画画去了。

经过两个多月的训练，妙妙学会了通过情绪表来理解自己的情绪，并知道了打人、扔东西是不能跨越的底线，也初步学会了怎么从生气的情绪里恢复平静。妙妙的爸爸妈妈已经在考虑过段时间，把现在的情绪表升级为 16 种情绪的情绪表了。

在使用情绪表的过程中，有一个关键点是**留白时间**。也就是说，家长不干预，留出一段时间让孩子自己从情绪里恢复平静。0~6 岁孩子的大脑还在发育中，杏仁核——前额叶的平衡功能弱。具体来说，孩子的杏仁核强势，情绪易激烈；前额叶思考控制功能弱，做事易冲动。孩子情绪管理能力提升的过程就是杏仁核——前额叶平衡功能完善的过程。而这个过程需要儿童反复锻炼弱势的前额叶，即孩子面对激烈情绪时，能自主调动前额叶去思考，去约束自己的行为。

孩子一有情绪，父母就干预，相当于父母使用了外力来约束孩子的行为，剥夺了孩子自主调动前额叶去管束行为的机会，让前额叶得不到锻炼。孩子没有机会独立处理情绪，前额叶的思考控制能力自然薄弱，就容易出现妙妙的情况：情绪易激动，无法控制自己的冲动，出现打人、扔东西等失控行为。

我有一个朋友，因为一次意外，左脚脚趾严重受伤，导致整个左腿无法发力。半年里，朋友只能用左臂撑着拐杖，靠一只右腿走路。半年后，朋友左腿缩小了一圈，左腿维度比右腿维度小了整整 7 厘米。她的左腿肌肉在完全没有锻炼的情况下，萎缩了。

前额叶得不到锻炼的孩子，他们的前额叶就像这位朋友的左腿一样，力量薄弱。前额叶薄弱的孩子，无法发展出高效的杏仁核——前额叶平衡功能，也无法有效控制自己的行为。只有像锻炼肌肉一样，经常锻炼前额叶的功能，前额叶才能健康发展。而锻炼前额叶的关键，就在于留白时间——家长留出时间让孩子独自恢复平静。

那么，怎么判断是否应该干预呢？如果孩子没有越界行为且没有向父母求助，就可以不干预。哪怕孩子哭闹，也要留出时间让孩子自己恢复平静。在妙妙搭乐高的场景里，她搭不出想要的乐高房子，就又哭又闹，但当时她没有打人、扔东西等越界行为，也没有向妈妈求助。因此，家长可以不干预。

同时家长也要注意分辨求助和依赖的区别。求助是孩子因为能力限制而做不到，这时他需要家长提供一定的协助；而依赖则是孩子明明可以做到，却不想做，这时家长应果断拒绝孩子的请求。比如，6 岁的妙妙明明会自己穿鞋，临出门时却让妈妈来穿，这是依赖，妈妈就需要果断拒绝，不干预，让孩子自己从被拒绝的挫败中平静下来。

我在咖啡馆也曾见过这样的场景：

小男孩蹲在地上摆弄电源插座，站起来的时候头撞到了桌角，立马鼓起了一个大包，他疼得直哭。小男孩的爸爸走过来抱起他，摸了摸他的头，哄了几句。不到1分钟，小朋友就停止了哭声，依偎在爸爸怀里。3分钟后，他又跑到地上去推自己的摇篮车，就好像撞桌角的事没发生过一样。

孩子在成长过程中难免会遇到各种磕碰，既有生理上的，也有心理上的。他们有自己恢复平静的能力。当孩子的前额叶得到足够的锻炼，他们就可以像那个小男孩一样，快速从撞桌角的疼痛里恢复平静。情绪本身没有对错，我们需要做的就是接纳，接纳所有的情绪——痛苦、快乐、愤怒、满足，包括孩子以及我们自己的。就像有人这么说：情绪就像海浪，我们不能阻止它的到来，但我们可以选择在哪片浪花上冲浪。

4 管理自己：帮助孩子终身成长

我会调节情绪：情绪的表达与调节

妙妙的家长使用了情绪表，经过两个多月的示范和引导后，妙妙基本能够做到准确识别、理解和标记自己的情绪和他人的情绪。但她在情绪表达和调节上依然有较大问题：她应对情绪的唯一方式就是坐在地上哭，而且通常会持续 15 分钟以上，情绪的流动和转换很慢，浪费了大量时间来应对消极而剧烈的情绪。

以这样的状态进入小学，她的学习生活一定会受到影响。怎么才能让妙妙合理表达情绪，快速调节情绪呢？

要表达，更要正确地表达

1. 鼓励表达，但要教正确的方法

与通过攻击发泄情绪同样糟糕的是，孩子不敢表达情绪。没有表达出来的情绪并不会消失，糟糕的情绪如果没有合适的出口，只会积压在孩子的心里，干扰他们的注意、记忆、学习、决策、人际交往等。我们要鼓励孩子表达自己的感受，不论是说出的感受，还是写、画出的感受，都应该得到及时的肯定。

2. 以身作则

很多家长在表达情绪时容易走向两个极端：一种是掩盖自己的情绪，试图做一个情绪稳定的完美家长。如果父母习惯性掩饰自己的情绪，会让孩子觉得情绪是不好的，导致不能正常表露情绪。情绪稳定不等于没有情绪，而是指能用恰当的方式表达情绪。当我们疲倦、生

气、焦虑时，不妨用“我觉得……”的句式直接告诉孩子自己此刻的感受，并拒绝孩子的请求。这就是以身作则地示范了父母对自己情绪的接纳和管理。

另一种是错误地发泄情绪。回想一下，我们上一次摔门、吼叫、打人是什么时候？可能就在最近。如果大人用错误的方式宣泄情绪，那么可能会给孩子带来两种影响：一是习得错误的情绪宣泄法；二是将家长的怒气归因于自己，从而产生深深的不安全感，阻碍安全依恋和自尊的发展。

这两种极端是相互影响的。习惯掩饰自己情绪的家长，阻断了自己情绪的合理表达，就更容易控制不住情绪的爆发。本节提到的情绪调节法不仅对孩子有用，对家长也非常有效。家长也可以和孩子一起练习本章提到的情绪调节法。在情绪管理方法上，家长以身作则不仅能帮助孩子成为情绪管理高手，也能帮助自己有效管理情绪。

3. 多练习

任何一种情绪调节法，孩子都需要一个过程才能独立使用。这个过程通常要经过至少三个阶段：先看家长使用这种方法，然后和家长一起使用，最后独立使用。我们应该尊重孩子的学习节奏和进度，避免“教了就会”的错误期待。

情绪表达与调节的方法

我们经常受困于负面情绪，也常常看到孩子因情绪崩溃而大吼大叫，这很容易让我们产生一种错觉：情绪的表达与调节很玄幻，很难把握和掌控。造成这种错觉的原因，在于我们没有掌握情绪表达和调节的技巧。有了技巧支撑，情绪表达和调节就可以得到不断提升。以下几种情绪表达和调节技术，在心理学及临床医学上得到了广泛认可：

说出情绪。说出情绪是最好的情绪调节方式。比如对朋友倾诉之后，我们通常会觉得更轻松快乐；当孩子表达出自己的感受，他们往往觉得好很多。和孩子交流时，我们可以多问情绪类问题，比如“你觉得怎么样？”“今天有什么事情让你伤心、难过吗？”“今天有什么事请让你觉得开心吗？”“如果用 - 5 到 +5 给你的能量打分，你给自己打几分？”“如果用 - 5 到 +5 给你的愉快程度打分，你给自己打几分？”

用情绪表。使用情绪表，把自己的头像贴在对应的情绪上，既标记了自己的情绪，也表达了情绪。这是很多国际幼儿园每天必备的活动。早上小朋友需要把自己的头像贴在对应的情绪卡片上。一天之中，如果他们的情绪变化了，他们就会自己移动头像到新的位置。

画出感受或写出感受。学前孩子一般都喜欢画画。我们可以让他们指着自己的画，描述自己的感受。进入小学之后，孩子们就可以逐步用“画 + 文字”，或者纯文字的方式来表达了。

情绪调节最有效的四个方法：**闻花香吹蜡烛、发泄球、安静角、安抚玩具。**这四个方法被大量的研究证实了其有效性，可操作性强，适用范围广，非常适合在家使用。

闻花香吹蜡烛（6 岁前）或深呼吸（6 岁以后）。这是国际医学和心理学公认的最有效的放松技巧之一，对大人、小孩都有用。

发泄球或找颜色。当孩子伤心、愤怒时，可以让他们捏发泄球或者从周围环境里找出五种颜色，发泄球和找颜色能起到转移注意力的作用。

安静角。还可以在家里设置一个安静角，当孩子心情差的时候，允许他们随时去安静角。有了这个安放情绪的私密空间，孩子平静的时间会指数上升。

安抚玩具。这是孩子最亲密的玩偶。这个玩偶是能 24 小时陪伴孩子的灵魂伙伴，能陪着孩子度过各种情绪。

以上四个方法可以让孩子的情绪从激烈变得平静，通过多次练习后，孩子会建立这样的认知——负面情绪会很快流走。

以上四个情绪调节法应该怎么具体实施呢？以“闻花香吹蜡烛或深呼吸”为例。6 岁以前用闻花香吹蜡烛。“深呼吸”对 6 岁前的小朋友来说比较抽象，而且可能引起他们的抗拒，所以我们把“深呼吸”具体为闻花香和吹蜡烛两个动作，这样小朋友就特别容易理解并模仿。

当孩子情绪激动的时候，让他们想象一下面前有一朵花，然后闻闻花香，闻花香的动作调用了深深吸气，再想象一下面前有一根蜡烛，要将蜡烛吹灭，吹蜡烛的动作调用了深深呼气。6 岁以后就可以直接教深呼吸的方法。

应该怎么教呢？要示范给小朋友看。示范包括两种：一是家长自己有情绪的时候，可以采用深呼吸的方法调节情绪，边呼吸边说："我现在很生气，我需要做一下深呼吸。"另一种是当孩子情绪激动时，家长示范深呼吸，邀请孩子跟自己一起做。儿童天然喜欢模仿他们喜欢的人。任何一个方法，家长不要期待通过一次示范就能让小朋友立刻接受。要多在不同场合示范引导，给小朋友多次尝试的机会。

应该怎么用呢？使用任何一种情绪调节法，请先接纳孩子的情绪。比如在妙妙的案例里，妙妙搭乐高失败了，她开始发脾气。大人首先接纳了她挫败的情绪："没搭出想要的样子，你很挫败。我希望帮帮你，安静角或者闻花香吹蜡烛可以让你舒服点，你选哪一个？"教给孩子一种方法，最好的方式就是先示范，然后让孩子自己选择用或者不用，选择用哪种方法。

情绪温度计：量出情绪温度

就像温度计用来测试体温一样，情绪温度计用来测量情绪温度。情绪温度计是家长指导孩子如何应对不同情绪的最有效工具。

首先，情绪温度计是一张全面的情绪知识图。情绪温度计里包含每一个常见情绪的关键信息：这种情绪的名字是什么？这种情绪的紧急度是怎样的？出现这种情绪时，你可能有哪些表现？出现这种情绪时，我们应该怎么做？

其次，情绪温度计是一张实用的情绪诊断图。情绪的温度高低揭示了这种情绪的紧急度，紧挨着温度计的表格中的第一列"你有什么反应"显示该情绪对应的症状，第二列"你能怎么做"显示出这种情绪的缓解方法。当孩子出现情绪反应时，可以快速对照诊断图，找到这个情绪所处的位置——诊断情绪的紧急度，再找到调节这个情绪的方法。

最后，情绪温度计形象易懂，一目了然。情绪温度计用体温这个形象的比喻来类比情绪。发烧了，我们就要赶紧降温，感觉冷的时候，我们会想要取暖。情绪温度很高的时候，我们也要赶快给情绪降温，情绪温度很低的时候，我们需要让自己的情绪回暖。哪怕 3 岁的孩子，也能通过这个形象的比喻理解不同情绪的含义及调节方法。

家长可以使用这张表，在孩子出现情绪的一刻，引导孩子根据情绪温度计判断自己情绪的紧急程度，并寻找缓解方法。

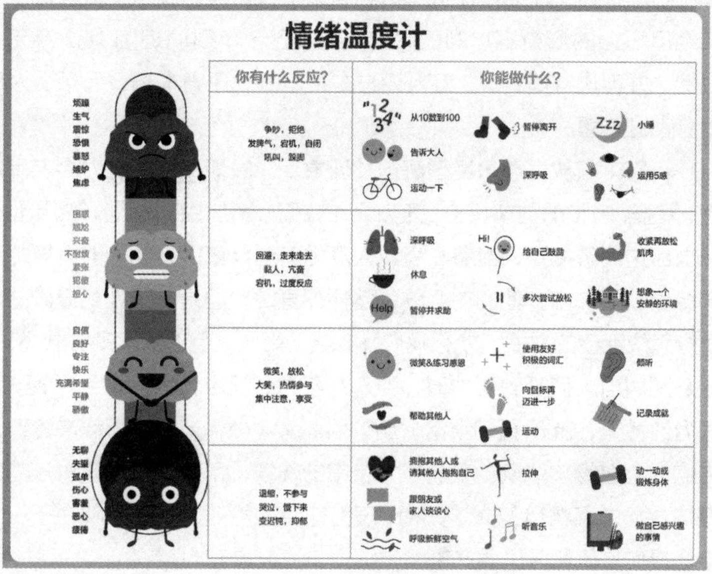

图 10　情绪温度计

毁掉情绪健康的思维陷阱

关于情绪管理的五个方面——情绪的识别、理解、标记、表达、调节，有几个广为流传的思维陷阱，它们通常会误导家长用错误的方式教孩子管理情绪。

1. 消极情绪是魔鬼

我们通常会把情绪分为：积极情绪或正面情绪，即情绪表里黄色和绿色代表的情绪，如快乐、平静、满足、兴奋；消极情绪或负面情绪，即情绪表里红色和蓝色代表的情绪，如焦虑、挫败、害怕、伤心。

从字面上来看，很容易产生这种印象：积极情绪有益，消极情绪有害；我们要时刻保持积极情绪，消除消极情绪。事实真的如此吗？

美国斯坦福大学心理学教授凯利·麦格尼格尔（Kelly McGonigal）曾对3万名美国成人做了一项长达8年的研究。通过研究发现，压力只对那些“认为压力有害的人”带来健康风险，而那些有压力但相信“压力并不会造成伤害”的人，其健康水平甚至比不怎么经历压力的人更高。同时研究人员花了8年时间追踪18.2万死亡案例，并得出推断：18.2万人死亡并不是因为压力本身，而且认为压力有害这个想法。

我们可以从生理角度理解这种现象。一般情况下，压力会带来焦虑、紧张、害怕的情绪反应，压力会让我们心率加快，血管收缩。但是，在上面这项研究中，当参与者认为压力有利健康时，他们的血管却是保持松弛的状态。他们的心跳仍然怦怦直跳，但是以一种更健康的心血管系统活动的方式，就和我们开心或者受到鼓舞时的跳动方式类似。这是因为当人们受到压力时，作为对压力的反应，脑垂体会释放一种压力性激素，就是我们常常听到的催产素（oxytocin）。而催产素保护人们的心血管功能避免受到压力带来的伤害，帮助血管在应对压力时保持放松。现在我们应该知道：压力让我们更健康，原因就在于压力会让我们身体释放出催产素。

从生物学角度来看，每种情绪都对人类的生存有一定意义。当面对一头熊时，恐惧会让身体进入应激的“战斗—逃离”模式，此时杏仁核接管大脑和身体，调动所有能量支持逃离动作，争取生存几率。在远古时代，孤独让人更想加入集体活动，从而使人在严苛的环境中生存下来。打猎失败产生的挫败感，能促使人类改进围猎方法和技术，提升成功几率。在人类漫长的进化中，负面情绪能帮人类更好地生存。与此同时，人类也发展出一套自带的情绪应对系统。比如，面对压力时，身体会分泌催产素以保护身体不受伤害。人类幼儿从6个月开始，就有能力自己恢复平静，这就是人类自带的情绪应对系统被激活和使用的体现。

积极情绪和消极情绪的说法，可以帮助我们从自身的主观愉悦度出发，对情绪做一个简答的分类。但快乐兴奋不是天使，焦虑愤怒也不是魔鬼，每一种情绪都是当下客观存在的感受，本身不分好坏，但无法恰当管理情绪就会带来坏的结果。要有效地管理每种情绪，任何一种情绪都不会伤害我们，而是帮助我们更好地适应复杂的外部环境。

2. 我要清除消极情绪

休斯顿大学社会工作研究院的教授布芮尼·布朗（Brené Brown），致力于研究人们的脆弱、勇气、价值感以及自卑感。他在采访了上千人做了近十年情绪数据分析后发现，人类面对负面情绪（脆弱、悲哀、耻辱、恐惧、失望）的习惯是麻痹这些情绪。习惯性告诉自己“我不想要这些情绪，负面情绪快滚开”。麻痹的习惯可能披着各种各样的伪装：

转移注意力。比如通过吃火锅来转移对伤心、难过的关注。

试图把不确定变成确定。比如上了10节课，到底能提高多少分？我需要确定的答案，现在！立刻！马上！

追求完美。如“我失望、沮丧是因为做得还不够好。我再努力一点，再完美一点，就会更快乐”。

假装。如“我很好，我真的很好。没有人看到我的脆弱，我就安全了”。

布芮尼·布朗教授同时也发现：人类无法选择性地麻痹感情，在我们麻痹负面情绪时，我们也同时麻痹了快乐、感恩、幸福。面对负面情绪，如果我们习惯性地选择麻痹的对策，那么我们也会失去对所有正面情绪的感受能力，进入“难过—麻痹—仍旧难过—更加麻痹”的死循环。

但是很多人把情绪稳定误解为不能发火。一旦自己出现了生气、沮丧、失望、伤心的负面情绪，就竖起雷达，把负面情绪当成靶子，恨不得一扫而空。结果，清空负面情绪的同时，顺手也把快乐愉悦的情绪清空了。

也有很多家长，把孩子的消极情绪视为洪水猛兽。当孩子伤心、失望、挫败、愤怒时，立刻开始干预，试图把孩子立刻从消极情绪的“泥潭”里拔出来。结果用力过猛，孩子变得更加抗拒，自身的情绪应对系统也得不到锻炼。

面对消极情绪，我们能做的是接纳，接纳自己的所有情绪，也接纳孩子的所有情绪。充分接纳后，这些负面情绪会自然流走，我们就会重归平静。人类婴儿从 6 个月开始，就有能力自己恢复平静。情绪调节法可以让情绪的流动更顺畅，让我们更快回归平静。但是我们不能用任何方法去驳回或阻断消极情绪。

3. 哭哭唧唧有问题

你是不是经常听到这样的说法：“男孩子怎么可以哭哭唧唧的。”“怎么又哭了，太娇气了吧。”很多家长把哭泣和娇气、胆小、依赖画上了等号，见不得孩子哭，孩子一掉眼泪，就立刻浑身难受，会使出浑身解数让孩子停止哭泣。

这种对哭泣的嫌弃和回避是从哪里来的呢？一方面受文化因素影响，“男儿有泪不轻弹”“英雄流血不流泪”等俗语深入人心并被泛化到育儿场景里。另一方面来源于家长自身的成长环境。如果家长从小被教育“哭丢人，不要哭”，那么家长在教育自己孩子的时候会代入这种观念，抵触孩子哭泣的行为。

事实上，对 0~12 岁的儿童来说，哭泣非常正常，也很有必要。哭泣是表达需求和感受的方式。在孩子没有学会更好的表达方式之前，哭就是孩子唯一的表达方式。

对哭的嫌弃会造成什么后果呢？

负向强化。心理学中的白熊效应指人们会倾向于做出被告知不要做的行为。我们可以一起做一下这个测试：请你闭上眼睛，不要想象一头白色的熊，你是不是想到了一头白色的熊？绝大多数测试者在被告知“不要想象一头白色的熊”之后，都报告说自己想到了一头白色的熊。如果我们经常对孩子说“不要哭”，孩子一般听不到“不要”，只听到了“哭”，于是更容易在情绪波动时哭泣。“不要哭”就是对孩子哭泣行为的负向强化。事实上，当孩子掌握了上文介绍的3个情绪表达法和4个情绪调节法后，他们就不再有动力通过哭泣去表达情绪，因为他们尝到了正确表达和调节的甜头。

不敢表达情绪。如果经常指责孩子的哭泣，还有一个更糟糕的后果是孩子不敢表达情绪。我收到过好多类似的咨询：孩子受伤了，被人打了都不说；打疫苗，第一针没有反应，第二针打完了才小声说疼。如果孩子表达情绪时经常收到负面反馈，那么就会产生这样的认知：表达感受是不好的。进而不再表达自己的感受。

我曾教过这样一位5岁小朋友，在做苹果酱的活动中学习用刀切苹果，不小心划伤了手指。她的第一反应不是哭，也不是告诉老师，而是悄悄把血抹掉，并把流血的手指藏在身后。老师发现之后，她才说疼。跟家长沟通后发现，她的爸爸平时经常说“要勇敢，不能哭”，以至于她把受伤后哭泣或喊疼当成了不勇敢。

4. 没有攻击性行为就行

孩子情绪激动时大多通过攻击性行为宣泄：打人、推人、扔东西、吐口水、在地上打滚。这些攻击性行为吸引了大多数家长的注意力，导致家长可能产生一种错觉：没有攻击性行为就行了。另外一种错误的情绪处理方式不外显，也不干扰家长，但对孩子杀伤力同样大，那就是完全不表达情绪。

班里5岁的小太阳有段时间很不对劲。以前他早上到幼儿园的时候都会高兴地冲向我，并牵住我的手，有问题也会马上找老师。但最近一段时间，他每次见到我都离得远远的。这种状况持续了一个多月。直到班里表演节目，每个小朋友可以说一句想告诉老师的话，小太阳仍旧一言不发。我拉着他沟通了很久，才知道事情的转折起源于一次打饭事件。

那段时间老师们正在帮助大家学习用说的方式来表达需求而不是通过哭泣的方式，小太阳能够做到。有一天，他吃完了鸡腿，想再要一个，我说：“说出来，老师就给你。”他没有说，而是开始掉眼泪。

我只好说："那你先不要哭了，等会儿再过来。"他离开之后，没有再回来打鸡腿。这件事我很快就忘记了，可是小太阳记了一个多月。这一个多月里，他有很多机会告诉老师自己的委屈、不满、伤心、生气，但他都没有说，而是用疏远的方式被动表达。

小太阳是家长和老师眼里的乖孩子，他听话，做事努力积极，安静，从不惹事。但是他不习惯也不会表达自己的情绪，习惯性地忽视或压抑自己的感受，无法及时调节情绪，在积压的负面情绪里消耗很多精力，直到无法压抑的一刻才用不恰当的方式爆发出来。我们应时刻保持警觉，不能因为孩子没有爆发，就觉得一切正常。

妙妙家长学习了更多情绪管理知识后，开始引入情绪调节法。他们带着妙妙去商场，让妙妙自己挑选帐篷、捏捏乐、玩偶。妙妙最后选了很占地方的白色帐篷、恐龙形状的捏捏乐，以及粉红色的玩偶猪。

爸爸妈妈和妙妙一起用帐篷布置了一个安静角。妙妙特别喜欢钻到帐篷里玩，无聊时就拿着捏捏乐揉搓，抱着粉红猪扔来扔去。大人对此并没有干预，而是趁机向妙妙示范了它们的使用方法，以及闻花香吹蜡烛法。

一个周日的早上，本来约好去游乐场玩的爸爸，因为临时工作推迟了时间。妙妙非常生气，哭闹着不同意。爸爸说："我知道你很想现在就去，可是爸爸现在有很紧急的工作，等爸爸忙完了马上就会带你去。哭闹是没用的，你可以选择去安静角，或者玩捏捏乐。"妙妙根本不听，仍旧大声哭号，还在地上打起了滚。对此，妙妙的父母没有干预，而是留下她一个人。她哭了一会儿，就去了安静角，躲在帐篷里玩恐龙捏捏乐，最后恢复了平静。爸爸趁机夸妙妙正确地使用了安静角，而且能自己恢复平静。

还有一次，妙妙回家后就开始哭鼻子，因为她找不到自己抽中的日期卡了。妈妈帮她检查了书包，没找到，推测应该是被妙妙弄丢了或者落在学校了。于是她就直接坐在了地上，哭得非常伤心。妈妈被她的哭声闹得很烦，特别想出去给她买一张新的日期卡，或买一个冰激凌哄哄她，让她赶快停止哭泣。但她忍住了。过了一会儿，妙妙自己去了安静角，抱着粉红小猪平复心情。到晚饭时间，妙妙早已忘记了日期卡。

妙妙的父母发现她已经学会了借助安静角、发泄工具捏捏乐和安抚玩具来帮助自己恢复平静。哭闹的频率不断降低，持续的时间也越来越短。

我不怕挫折：复原力

我曾经作为攀岩教练，带着某国际学校四年级的学生体验户外攀岩活动，其中有两个学生让我印象深刻：

一位女生，爬到离地面大概2米高的地方停下，不愿再继续向上爬。同学们纷纷鼓励她："没关系，真的不难，只要踩住，站起来就可以了。"可她仍拒绝尝试。我让她坐在安全带上休息，5分钟后她仍旧拒绝尝试，我就说："没关系，可以等会再尝试。我现在放你下来。"她又拒绝了，说："我不想动，就想待在这里。"她就待在那个她觉得舒服的位置，不愿往上，也拒绝下来。

另一位男生，爬到同样高度的时候，双脚意外滑脱，他显然被吓到了，"啊！"大叫了一声，并被安全绳牵着在空中荡了几下。我说："没事的，滑脱很正常，我拉着绳子你很安全，你可以的。"他休息了一下，继续往上，过程中又滑脱了几次。但他仍坚持重复着"滑脱—休息—继续攀岩"的过程，磕磕绊绊地爬了20多分钟，最终顺利登顶。后来他要求再爬一次，并解释道："老师，我知道该怎么爬了，下次应该不会再滑脱了。"20多分钟后，他再次成功登顶，且全程没有滑脱。后来我问他："你是怎么做到的？"他笑着说："头往上看，脚踩稳就可以了。"

面对相同的挑战，两个孩子的表现却截然不同：一个拒绝尝试，一个敢于攀登。他们表现出了不同程度的复原力。那么，我们应该如何提升孩子的复原力？

复原力（Resiliency），也称抗挫力，指个体面对逆境、创伤、悲剧、威胁或其他重大压力的良好适应过程，也就是对困难经历的反弹能力。诺贝尔和平奖获得者、“南非国父”曼德拉曾说：“不要通过我的成功判断我。通过我多少次跌倒之后爬起来判断我。”具有高复原力的人，在面对压力、挑战、风险因素时的基本表现有：能够承受并反弹；能识别问题并找到方法克服挑战；能快速恢复并向前。低复原力的孩子遇到一点挫折就容易崩溃，轻则消沉退缩，责怪爸妈，攻击他人，重则抑郁自残。

为什么不同孩子面对同样的挑战会做出不同的反应呢？有些孩子似乎天生自带复原力。目前越来越多学者认为，儿童的先天气质会对复原力有影响，但儿童所处的大环境和先天气质同等重要。孩子面对越多逆境，他复原的能力就越依赖于他所处环境的养育质量，以及他能够获取的心理、社会、文化、身体上的支持。挫折在孩子成长过程中必然存在，孩子天然需要面对“世界围着我转”的自我中心化与“向世界妥协”的现实状况之间的落差，要面对“想要掌控”和“掌握不了”之间的落差。这些落差对孩子来说就是挫折。饿的时候妈妈没在第一时间哺乳，系不上鞋带，朋友不跟自己玩，跑得慢，无法去游乐场玩，从楼梯上摔下来，学了很久也没学会骑自行车，生病住院等等，这些对孩子来说都是挫折。决定孩子复原力高低的关键不在于孩子经历挫折的多少，而与孩子面对这些逆境时能够得到的养育质量和外部支持有关。

有些人更容易受挫。影响孩子挫败感的因素有以下三种：

1. 孩子对他人感受的理解。如果孩子觉得周围的人很生气，他就容易把他人的负面情绪和自己联系起来，从而觉得挫败。同一个表情，把它解读为生气的孩子，比解读为平静的孩子更容易感到挫败。有研究表明，容易受挫的孩子，在看到一个面部表情时，会更容易把这个面部表情解读为生气。

2. 是否期待奖励。我们可以想象这样的场景：一个孩子本来被告知收好玩具后就可以去游乐场玩，最后却不能去，他一定非常挫败；而这时如果仍旧按约定去游乐场，他也会高兴。如果孩子没有被提前告知任何奖励，收好玩具之后即使不去游乐场，他也不会不开心；如果这时他意外得到去游乐场的奖励，他会非常兴奋。面对同样的挫折，期待外部奖励的孩子会比没有期待的孩子更容易感到挫败，期待很多奖励的孩子通常也更容易感到挫败。

大脑中处理奖励期待的结构叫纹状体（Striatum），纹状体活跃时会促使人们做出自愿行为，即自我驱动行为。研究表明，容易感到挫败的孩子大脑纹状体更不活跃。这意味着，容易感到挫败的孩子会减少自我驱动行为的发生，而期待更多的外部奖励。

3. 处理挫折的方式。我们再来想象这样的场景：一个孩子在学校被老师批评了，又与自己的朋友吵架了，他垂头丧气地回到家，想安静一会儿。但这时，不知情的爸爸要求孩子不要拖拉，赶紧写作业。这个时候孩子就会忍不住爆发，大吼大叫。如果这时我们检查他的大脑就会发现，此刻他的前额叶皮质非常活跃，前额叶皮质负责专注于某一任务，但因为他此时非常挫败，要调用大量能量应对挫败的情绪，以致他无法专注于写作业，也无法有效抑制自己的冲动行为——对爸爸大吼大叫。在挫折中是否能专注于任务会反过来影响挫折本身，能在挫折中专注任务的人更少挫败，而无法专注任务的人会在挫折中停留更久。

研究发现，更容易挫败的孩子在面对挫折时前额叶区域更活跃，这意味着容易挫败的孩子要做出更多努力来调用前额叶的专注功能。而那些不怎么感到挫败的孩子在面对同样的挫折时，前额叶区域就不会那么活跃。这就解释了为什么容易挫败的孩子做事效率低，容易发脾气，因为挫败情绪本身会占用他的前额叶功能，让他无法专注任务，也不能控制冲动。

培养复原力的关键

那么，到底什么因素可以促进孩子的复原力呢？它包括：

1. 回应式照料

高质量照料和安全依恋给孩子提供了面对逆境的最好保护。高质量照料的特点包括及时回应需求、支持性、温暖、有结构、高期望、年龄适宜，以及有监测。其中，及时回应是关键。高质量照料为多种能力的发展提供了基础，包括学业成绩、内驱力和社交能力。

在儿童发展早期，应对压力的密码就藏在儿童和照料者的互动中。照料者相当于儿童自我管理系统的“外挂”，每一次这个“外挂”启动就能帮助孩子回归平静，孩子从压力回归平静的信息就被存储在其神经系统中。如果父母无法担任这个照料者，那么其他成人需要承担照料者的责任，可以是祖父母、兄长等。家庭之外的其他人，如老师、亲戚、朋友，甚至父母的朋友都可以作为榜样为孩子带去积极的影响。

如果完全缺失及时回应的照料，那么孩子就像一个不带任何装备就进深山探险的人，面对深山里严峻的环境，他也会面对极严峻的生存挑战。加州大学儿童心理学家艾米·沃纳（Emmy E.Werner），也是最早研究复原力的学者，她曾在夏威夷的考艾岛上开展了一项长期追踪，调查了岛上于 1955 年出生的一群孩子（他们的成长环境异常艰难），并分别在他们 1 岁、2 岁、10 岁、18 岁、32 岁和 40 岁时进行追踪研究。经过研究发现，即使是从小生活在高风险环境中，他们中仍有三分之一的孩子最终成长为有能力、自信、有爱心的人，他们在学业、家庭及社会各方面都取得了不错的发展。而这些孩子具备三个共同点：婴儿期开始，他们就活泼且热爱社交；至少有一位“榜样”在支持他们发展信任、自主性和积极性；他们至少具备一项技能，这让他们获得了同龄人的接纳。

2. 支持性环境

儿童需要启发性的环境去探索，去学习掌握新的技能，学习规则。这样他们才能发展出自控和胜任感，这两项都是复原力的必备要素。这里的环境不仅仅是指桌子、床摆哪里的物理环境，还包括文化环境，以及制度环境。瑞吉欧幼教理念认为“环境就是孩子的第三个老师”。

支持性的环境包括以下特点：

最为关键的：安全可预测、设定高期望、强化积极行为、提前教授常规和流程、教授情感技能，还应注意问题解决技能、赋予孩子责任及做决定的机会、提供机会与他人合作并帮助他人。

3. 不干预的智慧

0~12 岁儿童的挑战通常来自无法完成想完成的事情。孩子拉不上衣服拉链，垒的沙子城堡被人不小心踩倒，上台表演忘词，考试成绩不理想，这些日常压力时刻非常适合帮助孩子发展复原力，但往往也容易毁掉复原力。面对压力，孩子的本能反应是逃避，他们的逃避往往披着各种伪装的外衣，比如：

哭闹——“衣服拉链拉不上，我很生气，我哭闹，甚至打人、扔东西。”

依赖——“我要爸爸帮我修好沙子城堡，修不好我就哭闹。”

放弃——“下次我再也不上台表演了，丢死人了。”

自责——“我就是笨，不可能考好。”

孩子的花式逃避会让父母压力陡增。有的家长在压力下，会试图快速帮孩子处理麻烦，过度干预。过度干预有两层内涵：一种是干预孩子的情绪，不给孩子自己处理情绪的机会；另一种是帮孩子解决问题，不给孩子解决问题的机会。比如，孩子因沙堡被人踩倒了而哭闹，有的家长会马上塞个零食转移注意力，没有给孩子自己平复的机会；有的家长会马上出面替孩子修好城堡，没有给孩子独立修复城堡的机会。

过度干预会剥夺孩子发展复原力的机会。当孩子面对挫折时，我们应允许他们有负面情绪，给孩子机会，让他自己从生气、挫败、失望、伤心、羞愧等情绪里恢复平静。也要允许孩子在困境中挣扎，给孩子机会，让他独立解决问题。

4. 关注过程和进步

复原力的源泉在于成就感。趋利避害是人的本能，面对让人不舒服的挫折，孩子的本能就是躲避，其实成人也是。什么情况下我们才愿意直面挫折、承受压力、历经痛苦、克服挑战呢？当然是当我们相信克服一时的痛苦能够带给我们更大的快乐时。

这种信念源自成就感，即做好一件事带来的深度快乐，这种深度快乐支撑人们克服短暂的痛苦，以收获再次的成就。这与多巴胺的作用机制有关。

多巴胺通常被称为“快乐激素”，事实上被称为“奖励激素”可能更恰当。多巴胺会在大脑中创造一个奖励回路：当人们获得想要的物品时，大脑会分泌多巴胺，让人产生愉悦，从而把“获得”和“快乐感”深度捆绑，指挥人再次做出能够“获得”的行为，以便再次得到快乐的奖励。比如，我想要写文章，当我写完一篇文章之后，大脑分泌出的多巴胺让我特别快乐，这种多巴胺带来的快乐奖励，促使我写更多的文章，获得更多快乐的体验。多巴胺会促使人们有想要、渴望、寻求的欲望，以不断获得新的“奖励”。多巴胺深度参与大脑多个区域的功能，对人的情绪、动机、注意记忆、睡眠、心脑血管功能、疼痛处理有重大作用。缺乏多巴胺可能会导致抑郁症、精神分裂症、多动症、药物滥用和成瘾、帕金森等。具有高水平多巴胺的人则将潜在的压力视为需要克服的挑战，从而具有更为强大的复原力。

然而多巴胺又很狡猾，它有两个特点：一是“奖励”的阈值会越来越高，或者说边际效用递减，“奖励”带来的快感随着事件的重复次数而减少。比如，同样的美食，第一次吃会得到多巴胺的“犒赏”，第二次就有所降低，天天吃同样的美食就不再启动“奖励”回路。二是只有通过努力之后获得的快乐才能形成健康的“奖励”回路。那些能让人获得短暂快感的行为，比如酒精、网络游戏，会打乱“奖励”回路，让整体多巴胺水平降低，促使人依赖这些行为以获取更多快感，陷入成瘾行为，比如酗酒或沉溺于网络。

《神经科学杂志》（*Journal of Neuroscience*）的一项研究指出，愿意付出更多努力的人，他们的大脑中前额叶多巴胺的水平比不愿意付出更多努力的人更高，而高水平的多巴胺会让他们不会被短暂的快感所吸引，以至于在做决定时更倾向于长远的考虑，从而形成良性循环。

在育儿时，我们需要时刻引导孩子看到自己的努力，专注于需要通过努力才能获得的犒赏；同时引导孩子看到自己的进步，体会到不断进阶的成就感。帮助孩子看到自己的努力和进步，就是帮助他们不断感受“个人努力带来的成就”，让大脑处在良性的高多巴胺水平。

提升复原力的 4 个金句

针对 0~6 岁孩子，提升复原力的两句话——“你正走在正确的路上。”“你已经很棒了，因为……”

遇到挫折时，孩子很容易抗拒、退缩，他们需要鼓励。“你正走在正确的路上”能帮孩子把关注点聚焦在自己的努力上。“你已经很棒了，因为……”帮助孩子看到自己哪里进步了，以及进步的原因。这两句话能有效启动多巴胺“奖励”回路。

有位妈妈遇到了这样的困惑：孩子要上幼儿园了，最近带她去语言班练习发音，经过一个月的训练，她的语言水平突飞猛进，于是老师对她提高了要求。可她遇到了困难：不能很好地完成吐词。每当这时她就会用衣服蒙着脸抗拒，回家就耷拉着脸。跟她说：“你很棒！”她反而说：“不要，不喜欢妈妈。”为什么“你真棒！”的鼓励在这里就失效了呢？

孩子不能很好地完成吐词任务，这让她很挫败，于是她会有一种深深的失控感——觉得自己控制不了结果，以及内疚感——觉得自己不优秀。而“你真棒”的表达很宽泛，无法扭转孩子的感受。于是孩子自然而然就对“你很棒”三个字抗拒，说出“不要，不喜欢妈妈”这种话。

这个时候可以说：“你正走在正确的路上，现在的练习就可以帮你更好吐词呀，再练习几次就能说出来了。”以此帮孩子把关注点从结果转移到她已经做出的努力上；也可以说：“你已经很棒了。之前这些发音你都不会，现在你学会了很多新的发音，进步已经很大了。”以此帮助孩子看到已经取得的进步。通过这些方法，孩子能重建对“获得”的理解——“获得”不一定就是结果，可以是努力的过程和进步本身，进而启动“奖励”回路，获得“成就感”。

针对 6~12 岁儿童，有效提升复原力的两个反思问题是：“你学到了什么？”“如果下次再发生这样的情况，你会怎么做？”

6~12 岁的孩子已经具备良好的抽象思维能力和自控能力，这两个问题可以帮助他们自己去发现已经取得的努力，以及可以实现的进步。

一次聚会，我在朋友家带着 4 个小朋友玩桌游。10 岁的肉肉是最大的孩子，个子最高，反应也快，玩“德国心脏病”（一款需要抢着拍铃铛的桌游）很有优势。刚开始，大家玩得很开心，有说有笑的。有一轮，肉肉连续两次都没抢到铃铛，忽然就把手里的卡牌扔掉，大声吼叫：“这是什么破游戏，不玩啦！”然后气冲冲地跑到旁边哭了起来。输了桌游的挫折让肉肉情绪崩溃了。

后来，肉肉妈妈总结发现，肉肉每次面对挫折时，不是爆发就是退缩，而妈妈都选择了回避。肉肉妈妈意识到，她的这种回避源于自己童年的消极影响：小时候面对家人冲突时，不管做什么，她都改变不了结果，反而让事情更糟，于是她养成了“那就干脆什么都不做，躲得远一点”的冲突应对习惯。这种回避方式不知不觉被代入了养育肉肉的过程中，影响了肉肉的挫折应对模式。意识到这一点后，她决定利用桌游事件和肉肉开展一次复盘。过程非常艰难——对妈妈来说。当妈妈问：

“这次事件你学到了什么？”

肉肉说：“我不要跟他们玩桌游。”

“如果下次玩桌游你又输了，你会怎么做？”

肉肉说：“才不会有下次呢，反正不跟他们玩了。”

肉肉完全没有意识到自己的问题在于无法接受输的结果。

妈妈决定不再回避问题，而是告诉肉肉：

“我不同意。所有的游戏都有赢有输，没有人可以永远赢。我也经常输。”

肉肉开启防备模式：“玩桌游就是要赢，不赢还玩什么啊！”

妈妈说：“我不是批评你，我只是表达我的看法。我的看法和你的看法不一样。”

肉肉没有回应。

妈妈接着说："如果我玩桌游输了，我会多玩几轮，并想想怎么赢。桌游里都是轮流输赢的，方法对了总能赢的。如果你输了呢？你会怎么做？"

肉肉没有回答，但也没有抵触，而是低着头思考。

这是开启复盘对话的开端。这一次之后，每当肉肉错误应对挫败时，妈妈都会问这两个问题：你学到了什么？如果下次再发生这种情况，你会怎么做？

几天后，玩桌游的4个小朋友约着去山上玩。这对肉肉来说是很大的挑战。肉肉晕车，平时乘车一小时就是肉肉的极限，而这次上山单程的车程就将近两小时。不过山上有个游乐场，肉肉表示愿意克服挑战，大家约定好路上会停下来三次帮助肉肉下车休息。上山的途中，肉肉情绪崩溃了好几次，一度说："不上山了，现在就要返回。"但最后他都恢复了平静，顺利到达游乐场。下山途中，又遇到暴雨，无法停车休息，肉肉又崩溃了好几次。最后快到家时甚至甩出了"你们都恨不得我死吧"的狠话。其实他已经刷新了自己不间断乘车的记录，只是他自己没有意识到。

等肉肉恢复平静后，肉肉妈妈决定好好复盘，帮助肉肉看到他的努力和进步。

"你学到了什么？"

肉肉不说话。

妈妈继续说："你已经很棒了，因为这是你第一次坐四个小时的车，破纪录了。回家的路上，我真以为你撑不住了，没想到你最后还是坚持到家了，很了不起。"

肉肉难以置信地看着妈妈，估计被妈妈变化的画风惊到了，但他明显很受用。妈妈继续说："你正走在正确的路上。晕车肯定难受。除了忍一忍，闻一闻清凉油，我也真没有更好的办法了。下次你还想去游乐场吗？"

肉肉想了下，说："还是去吧，不过下次不挑天气不好的时候去了。这样中途我就能下车休息。"

妈妈相信，随着复盘对话成为亲子对话的必聊话题，肉肉会学着正确应对挫折，具备强大的复原力。

使用以上 4 个句式的时候需要注意：**先接纳孩子的情绪**。提供留白时间，让孩子自己从失望、挫败、难过的情绪里平复下来，当重启理智脑的时候再开展这样的对话。这样的机会越多，孩子恢复平静的能力就会越强大，复原能力也就越强。

我能控制自己：执行功能

2014年，我在泰国清迈一所著名的国际学校做调研，遇到了9岁的中国学生安安。安安从中国的公立学校转到清迈的国际学校读英语强化班，为接下来正式转入国际学校做准备。他平时住校，周末则被奶奶接到租住的房子。为了安安，奶奶专门搬到清迈陪读，爸爸妈妈则每两周利用周末飞来清迈看望安安。

转到全英语的国际学校后，安安的英语水平进步很快。他的英语水平从近乎零基础，很快进步到能够听懂老师的指令，也能通过简单的句子表达自己的需求。

但不久，安安被多位同学和老师投诉了。

他上课注意力不集中。有时蝴蝶飞过窗边，他会忽然离开座位去追蝴蝶；有时会因为走神忽然笑出声或大叫出声，打断老师讲课。

他也不愿参加小组任务。被老师多次提醒后，他依然坚持“这些任务我一个人就能做完，为什么要和其他人一起做”。很快，班里没有同学愿意跟安安一组。

安安还出现了沉迷网络游戏的现象。因为家里管得严，他很少有机会接触手机和平板电脑，而学校为了方便在线完成作业，为每位学生配了一台iPad，用于查找资料，获取在线资源。于是，安安经常躲在角落里用iPad玩游戏。

此外，他还出现了说谎、与老师顶嘴、和同学打架等系列事件。虽然安安也接受了学校老师的心理辅导，他的父母还特意将来清迈的频率增加到每周一次。但情况并没有太大好转。在多次收到家长和老师对安安的投诉后，校长不得不建议安安退学。

安安到清迈国际学校之前在某省会城市的公立学校就读，因为注意力不集中以及打扰同学，他被老师安排在教室最前面的“专座”，方圆一米内没有其他同学。安安父母希望他能更好地管理自己才花了很大的代价，送他出国上学。结果事与愿违。安安非常希望留在国际学校，但父母不在身边的情况下，他又很难有效管理自己。

安安无法把注意力集中在当前任务上，心理灵活性差，无法根据新环境调整行为，自控能力欠佳。这些都是执行功能差的典型表现。

执行功能（Executive function），也称自控能力，指让我们计划、专注、记住指令、多线程推进任务的心理过程，能帮我们排除干扰、抑制冲动、实现目标，就像大脑里的机场管控系统，在多跑道的繁忙机场管理大量飞机使它们安全地起飞、降落。

哈佛大学儿童发展中心基于大量研究，把执行功能分为三部分：

工作记忆，监管着大脑在短时间内保留并操纵有意义的信息。

心理灵活性，帮我们保持并转移注意力，适应不同需求，在不同设置下应用不同的规则。

自控，帮我们设定优先级，抑制冲动，做出合适回应。

一个执行功能技能欠缺的儿童，如同一个缺失了管理系统的机场，无法保证正常工作的运行，就像安安不能适应在国际学校的学习和生活，最终不得不面临被劝退的后果。根据加拿大认知神经学家阿黛尔·戴蒙德（Adele Diamond）的研究，在入学准备及思考发展上，执行功能比智力更为重要。

执行功能不是天生的，先天条件可能影响执行功能的发展，但所有孩子都有发展出良好执行功能的潜力。我们在育儿时，要特别注意避免会损伤大脑执行功能的风险因素，包括毒性压力、忽视、冷漠、暴力。接下来就以毒性压力为例来说明，风险因素如何损伤执行功能，家长该如何规避风险因素。

根据脑和身体对压力进行反应的持续时间和强度的不同，科学家们将压力反应分为良性压力、可忍受压力和毒性压力。只有一种压力会损伤大脑的执行功能，那就是毒性压力。毒性压力指的是剧烈、频繁、大范围、长时间的压力。比如身体和情绪遭受虐待，长期被忽视，极度贫困，父母滥用药物，父母重度抑郁，等等。其他两种压力，良性压力可以促进孩子执行功能的发展，可忍受的压力对执行功能有潜在威胁，但只要父母引导得当，孩子的压力系统就会回归平衡。比如，偶尔对孩子的大吼大叫，对孩子造成的压力主要属于可忍受压力，只要家长引导得当，并不会造成永久性大脑损伤。引导的方式可以通过吼叫孩子的复盘道歉来补救，告诉孩子："很抱歉，我不得不发火，因为你不吃药，妈妈太着急了。发脾气是妈妈不对。"

但是如果频繁对孩子吼叫，甚至打骂，就需要拉响警报。因为这种毒性压力会造成孩子剧烈、高频、延长的压力反应。孩子的大脑还没有从上一次压力反应中恢复过来，又要疲于应付再次袭来的巨大压力。在持续的压力中，儿童的压力系统得不到修复，就只能重建一套新的压力应对系统：大脑更容易启动压力反应而很难关闭压力反应，发展出反常的皮质醇模式。大量的皮质醇会破坏神经元，阻止新的神经通路形成，且会阻断已经建立的神经通路。在反常的皮质醇模式下，大脑非常脆弱，无法屏蔽皮质醇带来的伤害，从而被永久伤害。这种伤害往往对执行功能产生深远的影响。

毒性压力会损伤开展执行功能的大脑区域。首先是杏仁核。杏仁核里含有大量皮质醇接收器。在反常的皮质醇模式下，杏仁核极易被唤起，引发"杏仁核接管"反应，导致儿童充满恐惧和警觉——觉得周围处处是危险的而无法专注于任何事情。其次是前额叶。前额叶负责保管工作记忆、抑制冲动性行为、关闭皮质醇反应、防止不必要的"杏仁核接管"。毒性压力会损伤前额叶，破坏前额叶的上述功能。前额叶被损伤，就像加满油的汽车没了刹车。最后是海马体。海马体负责存储记忆，同样含有大量皮质醇接收器。大量皮质醇冲入海马体会影响记忆力、学习能力和情绪。

每次对孩子的大吼大叫，都会给孩子的大脑发育带来一次无法抵抗的摧毁。你是否还决定启动这场风暴？当然，我们更容易忽略良性压力。良性压力指适度的、短暂的压力反应，是轻微的、正常的焦虑。比如，第一次去幼儿园，被人抢了玩具，马上要登台表演了，下周要进行数学考试。在成人的协助下，压力系统面对良性压力可以有效工作，可以帮助孩子学会适应环境、平复情绪、获得掌控感。所以我们不需要对孩子的焦虑反应过度。良性压力对孩子执行功能和复原力的发展是必要的，并有好处的。过度干预反而导致孩子像温室里的花朵，经不起任何风吹雨打。

促进执行功能发展的因素

促进执行功能发展的因素主要包括打造高质量的环境、建立高期望，以及玩游戏。

1. 打造高质量环境

我们可以审视家里的环境，看看物理环境、家庭氛围、制度环境三方面是否能支持孩子进行充分的探索和成长。

1.1 物理环境

物理环境包括家里的布置、物品的摆放等，一般可以从以下三个角度来打造：

①整体布置。

对于 6 岁以前的孩子，整体布置最关键的是安全。只要是摆放在外面的东西，即使是危险物品，孩子也会碰，仅仅靠“不许碰”的指令是不能阻止孩子触碰危险物品的。另外，使用过多“不能做”“不许碰”等指令，也会限制孩子探索的可能性。同时，我们也要充分考虑到孩子活动的便利。可以从以下几方面来检查家是否足够的“儿童化”：

- 尖锐的桌角被包好。
- 易碎物品、钱包等不希望孩子触碰的物品（比如口红），全部放在了孩子够不到的地方。
- 所有窗户都安装了护栏或者纱窗，孩子无法推开或者打开。
- 所有电源插座都有安全盖或者被挡住。

- 所有的洗涤剂、药品、危险物品等都被放入上锁的柜子里。
- 方便收纳：有能够收纳玩具和书本的收纳盒和架子。
- 动静分区：布置一个不容易被打扰的安静区域，配好桌椅、毯子、抱枕，方便孩子开展安静活动，如读书、捏橡皮泥、涂鸦等；布置一个地垫区，供孩子玩积木、乐高、轨道、拼图等容易发出声响的活动，这样既可以保护玩具，也可以降低噪音。

6岁以后，整体布置需要满足孩子学习和生活的需求，可以从以下几方面来检查：

- 孩子的卧室不摆放屏幕。
- 学习的空间安静，光线充足，且不容易被干扰。
- 一个可让孩子独处的温馨的私密空间。

曾经有位妈妈来咨询，说孩子学习的时候特别容易分心。仔细了解后发现，这位妈妈把书桌摆在了鱼缸旁，孩子一抬头就能看到鱼游来游去，鱼缸的水循环系统也会持续发出声响，视觉和听觉上都对孩子的学习造成了干扰。家长把书桌搬到对着墙的角落之后，孩子学习时明显更专注了。

②操作材料。

操作材料指可以促进儿童发展以及学习的所有材料。孩子应该能方便获取所有材料。比如，积木收纳盒最好放置在活动地点旁边，方便孩子获取并收拾积木。

对于操作材料我们有一个常见误区，那就是东西越多越好。然而事实并非如此。只有限制了材料数量，孩子才能更专注地玩。一个2岁孩子的妈妈向我咨询：家里有很多玩具，但孩子都不感兴趣，不管什么都是摆弄两三下，就扔到了一边，换下一个。出现这种现象，恰恰是因为玩具太多了，孩子总在探索新玩具的路上，而对旧玩具就失去了解锁多种玩法的兴趣。

面对孩子“什么都想要”的愿望，家长可以采用“愿望清单”加“预算管理”的方式，让孩子把想要的物品放入“愿望清单”中，再从清单里选出预算内最想要的东西购买。这种延迟满足能让孩子学会：控制自己此时想买的冲动，应对暂时得不到的失望，有策略地满足自己的需求——这就是复原力的核心。

③可视化材料。

可视化材料指贴在墙上、柜子上，摆在桌面、床头的图文信息。在精心设计的情况下，这些材料可以积极影响孩子的学习和感受，增强孩子的胜任感。可视化材料在以下几方面特别有意义：

a. 把教育融入生活。给家具贴上名称标签，就是最早的字感启蒙，孩子最先认识的字就是生活中最常见的字。等孩子大一些了，可以贴英语标签、拼音挂图、笔画挂图等。孩子正在学的，以及比较难掌握的内容，都可以展示在墙上。

b. 建立良好习惯。可以将孩子的活动常规及习惯细节做成图片，贴在他开展此项活动的位置。这里的常规指的是开展一项活动的固定流程。比如，3 岁孩子就餐前的常规是洗手，摆好纸巾、碗筷、水杯，然后坐在餐桌旁。那么我们可以把这三个动作画出来，贴在餐桌旁，引导孩子就餐前检查是否做好了用餐准备。再如培养收纳习惯，家长可以在收纳盒外贴上物品图片，提示这个盒子的物品类别。

固定常规会让孩子有安全感，也能促进习惯固化。可以说，常规就是学前孩子养成良好习惯的钥匙，做好了常规，孩子才会形成较好的生活习惯和学习习惯。在 6 岁之前，对于吃饭、洗手、喝水、睡觉、刷牙、屏幕使用、玩具收拾等活动，家长都应该建立常规。而图片是展示常规的最好方式。

c. 表达期望。孩子的用餐礼仪可能是让家长比较头疼的问题。与其每次吃饭时碎碎念，嫌弃孩子糟糕的用餐行为，不如用一张图片清楚地向孩子展示如何正确地用餐。可以在餐桌旁贴一张餐桌礼仪图，这样做到一目了然，让正确用餐有了清晰的样子。

1.2 家庭氛围

家庭氛围指家里的文化和气氛。家庭氛围时刻影响着家里每个人之间的互动，影响孩子的安全感。孩子对抗所有挫折的底气最终来自爱和安全。除了父母的语言、行为，最能给孩子带来爱和安全的方式，就是营造家庭氛围了。下面这些营造家庭氛围的方法，可以帮助孩子感到爱和温暖：

①**布置照片墙和作品展示区**。可以在家里准备一块照片墙，让孩子贴出喜欢的家庭照片；也可以准备一块作品展示区，展示孩子最近的作品，让孩子感受到被关注。

②**让孩子承担家庭责任**。有个妈妈曾跟我说：“我每次跟孩子说‘自己的事情自己做’，孩子都会回嘴‘我每次都帮你，你为什么不帮我穿鞋子’？”我追问：“你平时都让孩子帮你做些什么呢？”妈妈说：“做家务。”这里传达的信息本身就错了。孩子做家务，并不是在帮妈妈。因为做家务不是妈妈的任务，而是家里每个人的任务——包括孩子。我们应该从小告诉孩子，家里的每个人都需要承担家庭责任，包括做家务、维持家里的干净整洁、改造家里的环境等。

③**设置家庭时间**。孩子生日、取得重大进步时，都可以安排一个家庭时间。可以一家人一起开展一项活动，比如，玩桌游、玩拼图、看电影、尝试一家新的餐厅等。这样的时间能让孩子感到温暖。

④**给孩子安排职位**。从 3 岁开始，孩子特别喜欢当领导。如果这个需求得到合理满足，他们就能发展出自主性。比如，他们可以是照片墙老板，决定这里贴多少照片，贴什么照片，什么时候换照片，可以指挥爸爸妈妈去打印照片；他们也可以是野餐零食管理员，决定外出野餐带多少零食，带什么零食，什么时候吃零食；他们还可以是灯光负责人，负责每天关灯；等等。

1.3 制度环境

制度环境指的是一天活动的时间、顺序、长度，即我们通常说的一日流程。一日流程指的是什么时间应该做什么事，常规指的是一件事应该按照怎样的步骤完成。一日流程通常包括了一件事的常规。可预测的流程和常规能帮孩子建立安全感，并帮孩子适应环境，从而减少问题行为。当孩子清楚地知道一天会发生什么，他就不会慌，也不会通过过激行动来表达心里的迷茫和慌乱。

孩子需要视觉辅助来理解信息。据统计，大约 80% 的孩子都是视觉型或动觉型学习者。这类学习者的特点是，看 1 遍比听 10 遍还有用。如果我们只是说“该吃饭了”“要出门了”“要睡觉了”，孩子不一定能接收到。通过可视化流程表，就可以让他们用视觉消化关键信息，让每天的关键活动及时间一目了然。可预测、清晰可见的每日活动可以帮孩子养成规律的作息习惯，更遵守时间，在活动间的切换更顺畅，养成到点开展对应活动的好习惯。

可视化流程的使用准则：

①**抓关键时间点。**每天起床、吃饭、吃小食、入睡的时间最好能固定下来，这样能更好地帮助孩子养成稳定、规律的作息习惯。其他活动可根据孩子的发展需要安排，比如，玩耍、阅读、画画，以及各类课程穿插安排在上午和下午，每项活动的时间安排 60 分钟即可，不需要固定，保持一定的灵活性。

②**每天至少两次自由玩耍的时间。**学前儿童每天需要至少两次自由玩耍的时间，也就是说，在这个时间段，孩子可以根据自己的喜好自主选择玩耍的内容，户外最佳，成人不需要干涉指导。

③**使用儿童友好模式。**一般学前孩子还没有时间概念，在数字时间之外，他们还需要一个钟表图案来理解时间。学前儿童认字不多，大量文字对他们来说就是大写加粗的“劝退”，他们主要靠图片来吸收信息。因此，可视化流程必须以图片为主，至于图片旁边的文字，不管是英文还是中文，反而是次要的。进入小学之后，这个可视化流程表可以逐步减少图案，增加文字量。

④**用流程规范每天的生活。**早餐前可以带着孩子了解今天会进行的活动，让孩子对一天的安排有心理准备。可以准备一个木质晾衣夹子或者一个桃心，用以标示现在正在进行的活动。每完成一项活动，让孩子自己把夹子移到下一项活动。切换活动时，指着日程表，提前 10 分钟提醒孩子，让孩子对正在开展的活动进行收尾，为进入下一个活动做好准备。“还有 10 分钟要吃饭了，准备收玩具了。”“还有 15 分钟就要进入睡觉流程了，准备收拾玩具了。”

以下是典型的 5 岁孩子的可视化一日流程：

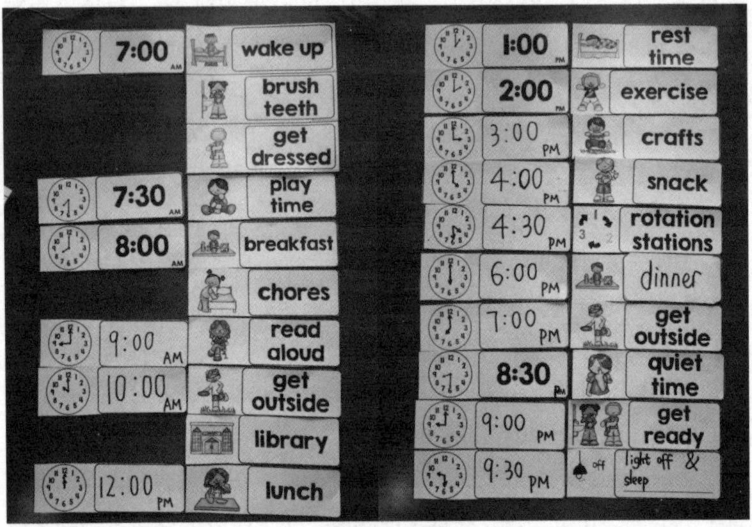

图 11　一日流程图

2. 建立高期望

提升执行功能非常重要的一个要素是高期望。我们应该对孩子的生活习惯、学习习惯、独立性、社会情感能力、解决问题的能力等提出与其年龄相适宜的高期望。

对于 0~2 岁儿童，期望包括：禁止打人、咬人、踢人等行为。这个年龄段的孩子正处于“自我中心化”的阶段，他们只能从自己的角度看待问题，无法区分好坏，自控能力也很弱。但他们可以从父母的回应里知道界限，并控制自己不越界。当孩子出现越界行为，父母可以温柔坚定地抓住他的手或脚说：“不可以！”这样能帮助他们建立清晰的边界感。

对于 2~6 岁儿童，核心期望有三点：一是自己的事情自己做，进而让他们承担责任，学会独立；二是到什么时间做什么事，让他们尊重一日流程、生活规律；三是正确使用物品，让他们正确地玩和学，深入探索。

对于 6~12 岁儿童，可以进一步提高要求：试着自己想办法；按时完成任务；说话算话；礼貌待人；帮助他人。在高期望下，孩子会不断进步并从进步中获得巨大的胜任感，越来越优秀。

期望（expectation）也有其他叫法，比如规则（rules）、标准（standards）、准则（norms）、指南（guideline）等。本书中不对以上叫法做区分，统一将期望看成开展一项活动的正确行为。

树立期望通常有以下几个步骤：

首先，需要孩子参与建立规则。只有当所有当事人理解、认可期望时，期望才能发挥作用。当孩子参与期望的讨论和确立，他们就能建立这样的认知——他们本身才是高期望的最大受益者，他们也更有动力达到期望。

我们可以和孩子开展这样的讨论："我们应该怎么约定？怎么让家里每个人都安全舒服？我觉得我们要正确使用物品，这应该是一条家庭公约，你同意吗？这个行为意味着什么？这个行为会怎么影响其他人？有没有更好的办法让你实现目的？"孩子 3 岁时就可以开展这样的对话，哪怕他们不能回答出来。这种讨论的过程会给孩子种下一颗达到期望的种子，他们对这些问题的理解也会逐步加深，讨论的过程就是内化期望的过程。

其次，清晰地传达期望。家长以及老师的期望和学生的表现线性相关。当他们吃午饭时，大概率不会记得两天前刚刚和爸爸讨论过的餐桌礼仪，开始含着食物大声说话，这时就有必要指着旁边贴着的"餐桌礼仪"图示提醒一下，"咽下食物再说话，免得呛到。"或者"吃饭的时候想说话该怎么做？"提醒之后孩子很快就能回归期望。

最后，期望一致并正向鼓励。期望一致，就是说这种期望对家里每个人都是一致的。如果给孩子定了一个"吃饭时不能说话"的规则，大人吃饭的时候却不停地讲话，这就是不一致。期望一致也包括家人间能够传达出一致的期望，如果爸爸说一样，妈妈说另一样，孩子确实会迷惑。正向鼓励就是说，当孩子做出满足了期望的行为，家长可以及时用语言鼓励，不仅鼓励做得好，也要说出为什么做得好。正如凯瑟（Kaiser）博士所说："抓住自然的机会做好榜样和示范，比如讲故事、角色扮演时，并不停强化这些期望，这样，每个孩子都能带来惊喜的表现。”

3. 玩游戏

哈佛大学儿童发展中心建议在家可以多用游戏法，促进执行功能发展。以下介绍几款经典游戏。

①**躲猫猫**。躲猫猫对发展客体永恒，缓解分离焦虑、管理行为，抑制冲动，以及发展工作记忆非常有帮助。孩子在躲猫猫过程中需要记住找什么，已经找过哪里，这锻炼了工作记忆。他们需要在启动寻找动作之前，抑制自己掀起手帕或者偷看的冲动。躲猫猫游戏有多个版本，以适应不同年龄和目的。

a. 6~18 个月。

把玩具藏在手帕下面，鼓励婴儿找到玩具。婴儿找到之后，当着他的面再把玩具移动到另一条手帕下面，鼓励孩子再次去找，以此训练工作记忆。

把头“藏”在大浴巾下面，问“妈妈在哪里”，鼓励孩子把浴巾拿掉，然后把浴巾盖在孩子头上，大人拿掉浴巾。轮流这么做，训练抑制冲动。

藏在家具或门后面，在孩子能看到的地方露出一只脚或者胳膊，作为线索提示，让孩子高兴地找。

让孩子躲起来，大人找。孩子会听着大人寻找的声音，通过声音来追踪、记忆大人所在的位置。

b. 18 个月以后。

捉迷藏。不留线索地藏好，让孩子来找。孩子需要记住已经找过哪些位置，以此来锻炼工作记忆。孩子要等妈妈藏好，听到寻找指令后才能开始寻找，这锻炼了他的抑制冲动。

藏物品。把物品藏在你们约定的一个范围内，轮流寻找。

猜宝藏。准备若干倒扣的纸杯，让孩子看着自己把“宝藏”放在其中一个纸杯下面，然后调动纸杯的位置，请孩子猜测宝藏在哪个纸杯里。升级版可以放两个宝藏或者准备更多的纸杯。

②模仿游戏。

2 岁左右的学步儿非常喜欢模仿成人。他们在模仿的过程中需要记住大人的动作，轮到他们时，会调用记忆做出大人刚才的动作。这对增强工作记忆、抑制冲动非常有帮助。

可以一起搭积木，大人搭出一个形状，然后推倒，邀请孩子模仿刚才的样子搭。

家长示范怎么使用玩具，怎么收玩具。

家长示范扫地、拖地。给孩子准备小号的扫把、簸箕、拖把，让孩子模仿大人的样子扫地、拖地。

③过家家。

a. 18 个月 ~3 岁。

学步儿一般从 18 个月开始具备玩简单过家家的能力。这个时候开始，扫地动作可能不仅仅是为了扫地，而是帮自己的布娃娃打扫房间。

在想象游戏中，我们可以问孩子他正在做什么，或者鼓励孩子复述情景。

和孩子一起玩，但是让孩子主导。比如，孩子把“水果”端给你，你做出享受的表情“吃掉”。然后问孩子：妈妈的角色是什么？妈妈应该怎么做？孩子在回答的过程中就已经在学习管理行为。

给孩子提供丰富的“过家家”材料，比如玩具娃娃、衣服、厨具、餐具、食物、医药箱等。

b. 3~5 岁。

这个时期，“过家家”发展出更高阶的形式。孩子在玩“过家家”时会自编、自导、自演出想象场景，这些场景通常来自他们的生活。比如，他们可能演出治病的全过程，每个参与的小朋友都有角色——医生、护士、病人，他们配合着演出所理解的看病场景——听诊、把脉、开药、吃药、康复。

我曾经看过班里的小朋友在玩“过家家”时，演出了在家办公一整天的场景。他们先在纸上画出键盘，然后把纸折成电脑的样子，作为他们的办公电脑。然后演出早上的电话会议、电脑前工作、中午吃饭叫外卖、饭后午睡、晚上一起看电影等一系列场景。在“吃完外卖”

后，甚至说“太难吃了，给他们差评”。

在玩“过家家”的过程中，孩子需要反复使用工作记忆——记得自己的角色和剧本，使用冲动抑制——要好好地坐着表演，发展心理灵活性——本来在家办公的剧本灵活发展到了户外露营。除了发展执行功能，“过家家”还能提高社交技能、语言能力、认知能力，是学前小朋友每天都应该玩的游戏。

家长可以采用多种方法来支持小朋友玩“过家家”，使其形式越来越丰富。比如，多给小朋友读绘本，带他们去参加各种户外活动，看一些视频丰富他们的生活经历。多准备一些玩偶、手偶，以及不同角色的服装（警察、医生、飞行员、宇航员等）；鼓励孩子自己制作需要的材料；教会孩子使用思维导图来计划娃娃的家。

④冲动抑制类游戏。

2 岁左右可以引入“木头人”游戏。音乐响起时，孩子可以自由舞蹈，音乐停止时，孩子需要变成木头人，一动不动。

3 岁之后，这个游戏可以进阶到：音乐停止时坐下，音乐响起时用舞蹈的形式模仿爸爸妈妈的动作，只能在固定范围内自由舞蹈，音乐加快时舞蹈节奏加快，音乐减慢时舞蹈节奏减慢。

“木头人”游戏是训练冲动抑制和注意力转移最好的游戏。孩子需要随时根据音乐的变化抑制自己“张牙舞爪”的冲动，注意力也需要在舞蹈和静止之间来回切换。

⑤思维灵活性游戏。

2 岁左右的孩子可以开始玩排序分类游戏，把积木块先按照形状归类，再按照大小归类，最后按照颜色归类。我们可以灵活按照不同的方式对物品进行归类，这就是思维灵活性。进阶的归类玩法是“反常归类”，比如，把小的形状块放入大的篮子里，把大的形状块放入小篮子里。这种反常归类需要孩子们抑制常规思维——大的形状块对应大篮子，保持任务记忆，对冲动抑制、工作记忆、思维灵活性都是很好的锻炼。

3 岁之后，思维灵活性游戏的形式更多样，打破常规思维的游戏都能很好地锻炼思维灵活性。这类游戏有：

说反话，即说出一个指令，孩子做出和这个指令相反的动作。比如家长说“站起来”，孩子需要坐下；家长说“快走”，孩子则慢走。

西蒙说（Simon says），当家长说出西蒙说＋指令时，孩子要执行这个指令，否则不执行。比如家长说“蹲下”，孩子保持不动；家长说“西蒙说，蹲下”，孩子立刻“蹲下”。

倒数练习，家长给出数字，孩子顺着这个数字倒数。这个时候“木头人”游戏也可以升级为思维灵活版本。比如音乐加快时，孩子的舞蹈动作要放慢；音乐放慢时，孩子的舞蹈动作要加快。

⑥桌游。

孩子5岁之后就可以开始玩各种桌游了。桌游是促进执行功能的王者。玩桌游的过程就是冲动抑制、工作记忆、思维灵活性、反应速度、策略的较量。为了赢，孩子会使出浑身解数，拿出自己最好的执行功能技巧，并在游戏中不断进阶。这里拿几款最经典的桌游为例。

UNO。玩家需要在出最后1张牌时喊出“UNO”。孩子需要记住目前可以出的颜色和数字（工作记忆），抑制出牌的冲动（冲动控制），需要随时根据规则卡改变出牌的规则（思维灵活性），选择合适的卡牌，以便自己能出牌的同时阻止其他人出牌（策略）。

德国心脏病。孩子需要快速计算桌面水果数量（观察及数学），始终记住目标数字5（工作记忆），水果数量未达到之前，要抑制自己按铃的冲动（冲动控制），在桌面上的水果数达到5时快速按铃（反应速度），要随时开始重新计算桌面的水果数量（思维灵活性）。

翻翻乐。孩子需要记住已经翻过的卡牌的位置和内容（工作记忆），根据规则重新摆放卡牌（思维灵活性）。

以上桌游可以从5岁玩到12岁，孩子们都很喜欢。刚开始引入桌游时，家长的陪伴很重要。家长需要教孩子玩桌游的规则及玩法，教会孩子出牌背后的逻辑。这个时候可以“打明牌”，也就是说，家长可以把自己手里的牌展示出来，让孩子看着自己手里的卡牌，明确告诉孩子自己出牌的逻辑，并演示出牌的顺序。这种边玩边说的过程可以帮助孩子快速掌握玩法，理解策略。等孩子学会后，家长就可以逐渐淡出游戏。

家长可以适当“放水”。刚开始故意让孩子多赢几次，并且夸赞孩子在玩桌游时的良好行为。赢了之后获得的快乐，会让他们对桌游产生更加浓厚的兴趣。随着孩子桌游技术越来越好，家长可以减少“放水”，最终和孩子来个“公平对决”。曾经有一个爸爸抱怨过孩子对桌游不感兴趣，我了解之后发现，这位爸爸每次玩桌游时一心求赢，孩子从来没有赢过。这样当然孩子也就没有兴趣了。对孩子来说，失败不会通向成功，一次次小的成功累加才会通向更大的成功。

玩桌游同样要遵循“重质不重量”的原则。不是种类越多越好，而是某款桌游玩的次数越多越好。每款桌游都有新的策略点有待开发，孩子专注于几款高质量的桌游更能帮助他们开启深度策略。而且孩子天然喜欢玩和他们认知水平匹配的游戏。当某款游戏变得过于简单时，他们自然有动力去探索更复杂的游戏，无须家长提醒。

安安在国际学校的情况很快引起了安安父母的注意。他们多次和校方沟通，试图帮安安争取留下的机会。可惜校方因为无法给安安提供针对性的支持，最终还是劝退了安安。经过劝退事件，安安的父母意识到，完全依赖一所学校来改善安安的情况是不现实的，自己必须学习育儿知识，通过家庭教育帮助安安。安安父母重新审视家里的环境和对安安的期望、养育方法，开始有意识地培养安安的执行功能。

首先，重新调整了家里的环境。

安安爸妈和安安共同挑选了可以让安安操作的游戏材料：拼图、乐高、拼装模型。这些材料可以让安安高质量地度过课外时间，而不是沉迷于电脑游戏。安安在玩机器人拼装时接触到了编程，并对编程展现出了极大的兴趣。安安爸妈一开始不敢让安安上编程课，怕他又沉溺于网络，于是采用延迟满足的方法，跟安安约定：如果能够保持目前的良好习惯，三个月后可以上编程课，但每天使用屏幕时间不能超过一个小时，如果超过，立刻没收平板电脑。安安答应了。每次用平台电脑之前，安安开启自动计时程序，时间一到，准时关电脑。有一次，安安没忍住多玩了一会儿，被爸爸抓了个正着。还没等爸爸说话，安安自己就说，第二天时长扣掉超出的 15 分钟，安安也做到了。

安安爸爸带着安安一起制作了每日流程，严格按照每日流程规范一天的生活作息时间。安安在清迈住宿时养成的关灯后玩平板、偷偷看书的习惯随着一日流程的严格执行逐渐得到改变。不过，安安的注意力转移问题还是比较大，从一个活动切换到下一个活动比较艰难。每次吃饭之前需要奶奶喊很多次，有时要磨蹭一个小时才到餐桌上。爸妈和奶奶约好，需要让安安为自己的行为承担合理的后果。有一次吃饭，奶奶提醒了三次，安安还是沉迷在拼图里，奶奶强忍住等孙子吃饭的冲动，和安安爸妈一起吃完了饭，并看着安安爸妈收了餐。等安安完成拼图已经是下午一点多了，早就过了饭点。爸妈严肃地告诉安安，是提醒过了他的，自己错过午餐饭点，就只能等晚饭了，他的零食也被全部收掉了。安安就饿着肚子一直等到晚餐。这一次之后，安安吃饭积极多了。

其次，重新整理了对安安的期望。

安安爸妈决定把对安安的期望集中在学习之外的领域。和安安讨论之后，他们决定从三点入手，让安安承担更多学习之外的责任：

做家务。从小被爷爷奶奶捧在手心的安安从来没干过活，要让安安开始做家务不容易。可能是这次被国际学校劝退的事件让安安懂事了，安安开始按照父母的要求去承担家务。从收拾自己的书桌、玩具开始，发展到扫地、拖地、擦桌子、收拾碗筷，后来还和妈妈一起做饭、洗碗。安安爸妈意识到，“家务活会累到孩子”只是成人的思维陷阱，做好家务同样能给孩子带来很多成就感，而且喜欢动手操作的孩子是喜欢做家务的，关键是家长要给孩子做家务的机会，并协助他做家务。

节约物品。爸妈约好不再对安安想要的物品有求必应，而是和安安商量了一个预算——每周100元钱：家人准备的食物、衣物、学习用品之外的所有东西都需要走安安的预算，由安安自己管理预算，每周的开销不能超出预算，没用完的预算可以顺延到下一周。安安数学很好，很快就学会了把想要的东西列入愿望清单，并在合适的时间购买自己想要的东西。安安想把老款的电话手表换成最新款，他先去磨爸妈，未果，又去磨奶奶，未果。最后扎扎实实积攒了两个月的预算。在去买电话手表的路上，他忽然发现，新款电话手表的功能比老款没好多少，于是他放弃了买电话手表的计划，而是买了自己同样想要的赛车乐高——能玩更久还能存下一些预算。

尊重他人。爸妈明确提出“有距离，有教养，有礼貌”的三条原则。安安从小对社交的界限感没有概念，高兴时喜欢凑到其他人身边，自我防御时喜欢推人、打人，好奇时喜欢戳人、扯别人的衣服。为了帮助安安建立交往的界限，爸妈把规则简化为“有距离”——任何情况下都要保持距离，不可以触碰他人的肢体，“国外的人非常注意社交距离，碰到别人的身体很不礼貌，你如果以后还想去国际学校，必须学会不触碰”。“有教养”指的是不能打扰其他人，比如上课时讲话、忽然发出声音、做鬼脸、离开座位都会打扰到其他人。“有礼貌”指注意自己的用词，不吼叫，不说脏话，不骂人。爸妈在墙上贴了一张记录表，只要安安克服冲动做到以上三点，就可以在记录表上画个“丨”。

有一次安安在玩乐高，奶奶提醒安安吃饭，安安不耐烦地吼出：“你烦不烦！”随后就意识到自己声音太大了，且没礼貌，又小声说：“别喊了，行不行？”爸爸刚好听到，说：“你刚才努力控制了自己的音量，很有礼貌。可以去记录下来。”安安去记录表上画个“丨”。这时的安安也从沉迷在乐高的状态里出来了，顺便收掉了乐高，吃饭去了。很快，记录表上的“丨”越来越多。

最后，安安爸妈引入了体能训练和桌游。

安安精力旺盛，每天好像有使不完的劲。以前爸妈试图让安安多参与一些安静的活动来平衡他的躁动，但是安安对于需要长时间专注的安静活动，如钢琴、画画，并不感兴趣。在老师的建议下，安安爸妈利用他精力旺盛的优势，带着安安选择了体能训练类活动。安安自己选择了足球和游泳，他学得很起劲。而且随着活动量的增加，安安注意力慢和不集中的问题都有所改善。安安也在足球和游泳课上认识了新朋友。事实上，心理学研究表明，运动对于专注力的改善非常有效，运动可以作为缓解注意力缺陷的有效治疗手段。

安安爸妈也开始带着安安玩桌游，安安很聪明，一学就会。对桌游入迷的安安开始教自己的朋友玩桌游，他通常是玩得最好的那个，其他小伙伴很喜欢跟着他玩。以前安安在学校经常打扰同学，不受欢迎，现在安安通过桌游打开了新的社交圈。

安安爸妈发现安安的社交能力通过桌游飞速进步着。有一次，安安请了游泳班的小朋友来家里玩“德国心脏病”，刚开始大家玩得很开心。很快大家发现，每一轮都是安安赢，大家开始不愿意玩了，表示“没意思，不想玩了”。安安居然控制了自己按铃的速度，刻意把按铃机会留给了其他小朋友。安安第一次表现出换位思考，开始为了他人调整自己的行为。

安安爸妈本以为被国际学校退学会给安安造成很大的打击，再加上家里的要求更高更严格，安安可能不适应。神奇的是，安安消沉了一段时间后，很快就恢复了。更高更严的要求帮助安安在学习和生活上获得了更多的掌控感，安安在公立学校反而适应得更好。

一年后，安安的专座已经从教室最前面的“孤岛”转移到了第一排，虽然还是和其他小朋友的座位有一定距离，但已经算不上专座了。安安在课堂上的注意力还是很容易分散。他学习速度太快，一旦学会了课堂上的内容，他就没有耐心再听下去，但他学会了用合适的方式来应对这种情况，比如在纸上画自己正在思考的内容。安安爸妈也终于与“希望安安上课像其他孩子一样专心听讲”的不合理期待和解。

不管以后安安是留在公立学校还是再申请国际学校，相信安安飞速发展的执行功能能帮助他适应新的环境并实现学习目标。

5 激励自己：提升孩子的内驱力

我想做：自主

有个妈妈曾经发来这样的咨询：

西西正在上幼儿园大班，我给她安排了练习控笔和拼音的每日任务，但是孩子喜欢拖拉，经常要喊好几次才会去做。刚开始练习的时候，我会坐在一边指导。但现在西西每做一题就用眼神看向我，询问她做得对不对。不坐在她身边，她就开始磨蹭，不愿自己练习；坐在她身边，我又怕打扰她的专注力。请问该怎么办呢？

这就是典型的缺乏自主的表现。当孩子不想做一件事的时候，他的表现通常就是拖拉、三心二意、依赖。

自主（autonomously），指不受外界控制，自己做主的自我管理状态。自主行为指的是出于自我意志，由自我做主的行为，区别于受控行为——因为外在力量的作用而开展的行为。孩子因为自己想做而自发开展的行为就是自主行为。当孩子自主做事时，他们的动力就像加满油的法拉利，根本不需要任何外在因素的催促。自主是内驱力的第一要素。

自主性与生俱来

孩子的自主性与生俱来，学习生存的本领刻在人类的基因里。从事幼儿工作多年，我从来没见过不好奇、不四处探索的幼儿园小班和中班小朋友。让小朋友做事不难，让小朋友什么都不做才难。但进入幼儿园大班之后，随着年龄的增长，不自觉学习的学生越来越多。这种不自觉的学生并非先天如此，而是他们“出厂”的自主状态被破坏了。

这种自主状态是什么时候被破坏掉的呢？是当我们把孩子一天的活动安排满，孩子没有机会自己选择的时候。如果成人经常发布让孩子学数学、看书、写字的指令，甚至规定不看完这本书不能出去玩，孩子就会觉得学习是大人安排的任务，不是自己的责任。他不能决定自己玩什么玩具，学什么课程，几点玩。他没有自主决定的机会，就不知道自己可以主动做事情。世界在他眼里，就是被大人安排好的，他只需要执行，不存在“自觉”两个字。孩子没有获得过自主决定的机会，还没来得及激活天然输出动力的多巴胺生态，他们的自主动力就被抽走了，只能依赖外部的催促和监督。

扼杀自主性的现象出人意料的普遍。比如，堪比 CEO 工作日程的小学生一日流程、多姿多彩的幼儿园课外班，以及种类繁多的学习产品。

我见过一种比较极端的情况，是一个初三的学生，我说“改一下错题”，他改了卷子上第一道错题，便放下了笔，然后看着剩下的错题，坐着等我发布下一条指令。这个孩子的爸爸为他请了语文、数学、英语、物理私教，可他每一门的成绩都徘徊在及格线上下。而爸爸也不敢停止私教课，因为一旦不上私教，孩子连及格线都难以达到。我无法想象他是否能考上大学，即使考上大学，以后是否能独立生活。

如果让孩子完全自主决定，孩子会不会学不快，学不全，学不会？一方面我们要重新定义学习。每个物种都有学习生存本领的本能。马出生后 30 分钟至 90 分钟能学会站立，猫头鹰出生 50 天能学会飞翔，狮子 6 个月开始练习捕猎。学习生存本领的能力刻在动物的基因里，它们一出生就要自动启动学习程序，否则无法在自然界生存。那么，人类幼儿必备的生存能力有哪些呢？社会情感发展、认知发展、运动发展、语言发展等能力可以帮助人类在未来复杂的社会中生存。事实上，人类的儿童期是所有物种里最长的，人类要经过漫长的儿童期和青少年时期才具备独立生存的能力。这是人类在漫长的进化中主动做出的选择。人类是社会性最高的物种，需要掌握复杂的社会情感能力。人类牺牲独立的速度以换取学习社会情感能力的时间，以便适应高度社会化的生存环境。

担心给了孩子自主性，孩子就学不快、学不全、学不会的家长，主要担心的是在考试内容上学不快、学不全、学不会。如果仅仅将学习定义为学习校内的书本知识，就很容易忽略其他必备技能的学习，这样会影响孩子心理品质的发展，进而造成严重的心理问题。

另一方面，我们要看到孩子学习发展的主观意愿。很多人认为“孩子天生不自觉，盯着他们才能养成学习的习惯”。然而，事实并非如此。孩子天生想要学习，而且他们天然愿意选择跟自己能力匹配的学习任务，这些任务随着孩子年龄的增长自带层层进阶的属性。

孩子们并不满足于低水平的重复。比如5岁的孩子嫌一个3岁孩子搭的积木幼稚，10岁的孩子嫌5岁孩子的绘本太简单。孩子也会主动追求更难的任务。当他能熟练地搭建3层的房子积木时，自然想要挑战5层的房子。如果他已经会认500个字，那么，一本只有50个简单汉字的图画书就不再能满足他。这是因为“奖励”激素多巴胺不满足低水平重复，已经重复过的任务不足以促使大脑分泌多巴胺，多巴胺会激励着孩子选择难度更高的任务，让孩子“想要”，通过努力之后完成任务，获得满足感以及愉悦感。健康的多巴胺生态促使人们为了获得进一步“奖励”，不断挑战更难的任务。

我们应该相信孩子的选择能力。在若干个任务里，孩子最后选的往往是和自己能力相匹配的任务。随着年龄的增长和能力的提高，他们选择的任务难度也会升级。孩子可以决定自己什么时候学，学什么。他决定的次数多了，就内化了学习是自己的责任，发展出了学习自主性。

有策略的干预

为了更好地发展孩子天生的自主性，我们可以在孩子自主决定的前提下进行有策略的干预，包括环境干预和期望干预。

1. 环境干预：此时无声胜有声

当创造出合适的环境，孩子的自主性会被最大程度地调动起来，从而自发地去探索和学习。合适的环境有以下几个特征：

①**安全**。指儿童可以在环境里自由、自主地探索。他们可以操作

看到的所有物品。他们知道哪怕弄得乱一点、脏一些也没关系，之后再收好就可以了。

不安全的环境会限制孩子自主性的发展。如果环境里有一些易碎物品，出于安全考量，家长每天自然会对孩子说很多遍“不要碰这个”“不要动那个”“不要去那里”，这些“不要”对于孩子自主的欲望有致命打击。把家里布置得“儿童化”是自主发展的第一步。

②丰富。指操作材料的种类和形式更丰富。孩子可以自主选择想摆弄的物品，如奶瓶、鞋子、衣服、石头、沙子、树枝、食物、饮料，以及种类繁多的益智产品等。操作就是学习。丰富的材料能让孩子自主操作的体验丰富多样，让他们有更主动的学习动力。

要注意：不要把操作材料窄化为益智产品或玩具，生活物品才是儿童更常见的操作对象；也不要指定孩子去操作特定的物品，要尊重孩子的自主选择。

③能满足足够的运动。这并不是说一定要带孩子参加体训班、踢足球、学游泳，只需要让他们每天到户外场地，自由玩耍就行。他们会自己攀爬，跑跳，踩水，追蝴蝶，捡树叶，撒欢，去发展自己的体能。学前儿童每天需要至少两次这样的户外自由玩耍时间。如果因为天气等原因无法外出玩耍，也应该用室内体能玩耍替代。有些孩子缺乏自主探索动力，往往是因为薄弱的身体力量无法支持探索行动。

④基于孩子的发展需求调整。孩子在不同阶段有不同的发展需求，环境需要被及时调整，以匹配孩子当下的需求。这是最重要的一点。比如，孩子的手部精细动作不好，那么环境里就需要多布置能帮助孩子提升精细动作的材料，比如珠串、橡皮泥、黏土、剪纸、镊子、夹子、豆子、乐高、方块积木等。当这些材料丰富了，孩子在自主摆弄的过程中自然就发展了精细肌肉，而不需要父母命令孩子“现在去捡豆子15分钟”。

如果能打造适合孩子当下发展需要的环境，不需要家长发布学习的指令，孩子就能自主学习他们应该学的内容，实现“此时无声胜有声”的效果。

2. 期望干预：言传身教的力量

想要通过期望干预孩子的行为，必须分清期望和要求、命令和邀请。

期望和要求不一样。期望指在双方平等的基础上，我希望你这样做，因为我相信这样做对你的学习发展有帮助，我会帮你达到期望；而要求是从上而下的控制，是你必须这样做。期望是我们描述的孩子跳一跳就能够得着的美好结果，帮助孩子全面发展；要求则用来划定底线，或者叫边界。采用期望时，我们通常邀请孩子做一件事。采用要求时，我们通常命令孩子做或不做。

家长应该多用期望和邀请，少用要求和命令。一般的原则是，只在涉及个人安全及危害他人的行为时，使用要求和命令。其他情况下一律采用期望和邀请。打人、推人等攻击性行为会危害他人，那么对这种行为就应该提出明确的要求，发出清楚的命令——“这样不可以，马上停止”。如果孩子不听命令，坚持越界，就会收到合理后果，家长可以马上把孩子抱离现场，哪怕孩子哭闹也坚持抱离。远离电源插座，乘车时要坐安全座椅，这两项涉及个人安全，家长应该提出要求，发布指令“坐在安全座椅上”，没有商量的余地。如果孩子不听指令，那就不去游乐场了，等孩子学会了坐安全座椅再出发，哭闹也改变不了结果。

至于吃半碗饭还是一碗饭，看书看 10 分钟还是 20 分钟，练钢琴还是捏橡皮泥，这些不涉及个人安全以及危害他人行为的活动，我们只需提出期望、发出邀请即可，要把是否接受邀请的选择权留给孩子。

如果我们能够做好示范，坚持邀请，孩子会在准备好的时候接受邀请，因为他们天生希望得到家长的关注和夸赞。

很多孩子对父母的命令视而不见，对父母的期望无动于衷，也就是我们常说的不听话，导致这种现象发生的原因往往是家长混淆了期望和命令，在该要求的时候用了期望，在该期望的时候用了要求。比如孩子无视家长的要求，不收玩具，并用哭闹要求家长代收。不肯收玩具的行为不利于孩子发展责任意识，也扰乱了家人的生活环境，“害人害己”，需要家长明确重申要求“收好玩具，下次才能玩玩具”。如果此时因为心软、心烦等帮他收拾了玩具，那么家长一开始提出的收玩具的要求就建立不起来。再如吃饭时孩子吃饱了，但家长觉得孩子今天胃口不好，希望孩子多吃点儿，这种时候家长可以表示期望并发出邀请“爸爸希望你多吃点，再吃三口好不好”，孩子可以决定是否接受家长的邀请。如果这时家长采用要求并命令孩子“必须再吃一碗”，吃饭就和压力、强迫联系在了一起，以后孩子再面对吃饭的邀请，就不会接收了。如果我们多采用期望和邀请，只在孩子涉及害人害己行为时采用要求和命令，大可以把学习的选择权交给孩子。

把掌控权还给孩子

自主性发展的关键还在于让孩子做到有掌控感。下面三个方法可以帮助孩子获得掌控感。

1. 让孩子做主

孩子自己的生活事项，只要不给家长增加额外负担，就可以让孩子做主。具体分为三种情况：

完全交给孩子决定。比如，孩子每天穿什么衣服、鞋子，背什么包包，自由活动时间玩什么，完全可以交给孩子自己选择。1 岁半时就可以开始。刚开始我们可以把选择范围限定在两个，比如穿红色衣服还是蓝色衣服。随着孩子年龄的增长，可以扩大选择范围，直到让孩子完全自己决定。

家长划定选择范围。比如，周末去哪里玩，家长最好提供一个能承受的选择范围，避免孩子选出不切实际的选项。每天的阅读时间，可以让孩子自己选择书，但是范围必须是书。每天的区角时间（或者叫练习时间），可以帮助孩子做有针对性的训练，家长先定好选择范围，比如橡皮泥、剪纸、涂鸦，这三项活动都可以锻炼精细肌肉，孩子不管怎么做都能达到练习精细肌肉的目的。

家长划定选择条件。比如，每餐允许孩子自己选择食物，但有选择条件，那就是必须选三样，以此帮助孩子均衡营养；孩子可以自己选择玩具，但是条件是一周只能买一次，且不超过 100 元；孩子可以选择偶尔吃不健康食品（冰激凌、汉堡或烤肠），但一周不能超过一次。

2. 多用“你选 A，还是选 B”的句式

其实 A 和 B 都是我们希望孩子做的，但孩子自己选了，就会觉得这是自己的决定，是自己的责任，孩子做事情的主动性就会被很好地提高起来。这个句式几乎可以用来应对所有孩子不配合做事的情况。

我所教的班里有个孩子叫菜菜，4 岁了还不会数数，他需要老师带他单独练习数数。4 岁的孩子当然不会自觉地练习数数。那么，怎么办呢？我问他：“你想现在练，还是下午练？”让菜菜自己选。其实不论选哪个，都能达到练习的目的。但是我让他自己选，他就会觉得练习是他自己的选择，就能自主地在练习时配合。

再如孩子出门时容易磨蹭，每次提醒他：“要出门了，快收玩具。”他还是一拖再拖。这时就可以把“快收玩具”的提醒换成：“我们过 15 分钟就要出门了。你再玩 3 分钟，还是 5 分钟？”等他做了选择就摆出沙漏计时，时间到了提醒马上收玩具。

3. 让孩子当领导

3 岁之后，孩子特别喜欢当领导。当领队能让孩子体会到荣誉感、掌控感、决策力、影响力、权威感和激励的效果。这一切都有助于孩子自主和内驱的发展。我们可以把“当领导”作为一种非物质奖励，当孩子有正确行为时，给孩子非物质奖励。不过要注意：这个奖励一定是针对孩子的努力、进步和态度做出的奖励，而不是孩子取得的结果。非物质奖励结合夸奖法使用，可以完全取代物质类奖励。

适合家庭的非物质奖励方式有以下几种：

- 选择最爱的一部动画片，全家一起看。（做决策）
- 让妈妈做自己选择的美食。（做决策）
- 决定晚餐吃什么。（做决策）
- 发“家庭小帮手”奖状。（荣誉感）
- 选一本书，让爸爸读给自己听。（做决策）
- 获准使用一件从未用过的工具。（特权）
- 爸爸、妈妈必须听自己读书。（权威感）
- 邀请朋友来家里做客。（特权）

- 决定周末去哪里玩。（做决策）
- 给妈妈化妆，帮妈妈搭配衣服。（体会自己对他人的影响）
- 决定家里新买的家具和花摆在哪里。（做决策）

为什么说以上方法有用呢？这要从心理学家埃里克·埃里克森的心理社会发展理论说起。这一理论是心理学应用最广、影响力最大的理论之一。该理论将正常人的一生，从婴儿期到成人晚期，分为8个发展阶段。在每个阶段，个人都会面临并克服相应的挑战。每个阶段都建立在成功完成前一阶段任务的基础之上。如果未能成功完成某阶段的挑战，就会在接下来的阶段重新遇到问题。

其中第二阶段儿童期（1.5 ~ 3岁）的关键冲突是：自主与害羞（或怀疑）。这一时期，儿童刚刚摆脱了彻底依赖他人的阶段，初步掌握了独立技能，如爬、走、说话等。此时他们的核心需求是获得控制感，他们问自己的关键问题是“我能自己做这件事吗，还是我必须依赖其他人才能做”，开始“有意志”地决定做什么或不做什么。当自己独立做了一件事后，他们获得了一种对自己的控制感以及对自己初步能力的信心，从而发展出良好的品质——自主，并为下一阶段的发展打下良好基础。如果他们控制的诉求被抑制，那么就会陷入害羞或自我怀疑。

同时这一阶段的孩子会不断制造麻烦，因为他们需要不停地去证明自己的独立性和控制感。这时孩子会反复用“我”“我们”“不”来反抗外界控制。如果家长过分严厉，则会伤害儿童的自主感和自我控制能力。如果父母对儿童的保护或惩罚不当，儿童就会产生怀疑，并感到害羞。此时他们已经具备了独立行走和搬运物品的能力，经常展现出惊人的破坏力，但其独立能力还很弱，想自己做却又做不到，导致挫败、哭闹。这个阶段的名场面就是，不肯穿衣、穿鞋，非要自己穿又穿不上，然后挫败地哭天喊地，或者拿着妈妈的口红一通乱画，越制止他反而画得越起劲。这个阶段通常被叫作“第一个反抗期”或“糟糕的2岁”。

让孩子做决定，用“你选A，还是选B”的句式就是为了满足这一阶段的孩子求控制的心理需求。家长还可以采用其他方法支持这一阶段的发展。比如，让孩子参与力所能及的家务活动。邀请他们自主如厕，但是不强迫，耐心等待他准备好。如厕训练不用着急，3 岁之前的如厕训练很多时候都不会成功。但是请相信，孩子不可能一直喜欢围着尿不湿。哪怕会挫败，也尽量允许他们独立穿衣、穿鞋、用餐。

第三阶段，学龄初期（3 ~ 5 岁）的关键冲突是：主动对内疚。这一时期，孩子的社交圈不再局限于家庭，他们来到幼儿园，面对更广阔的社交环境，已经掌握了吃饭、穿衣、喝水、如厕等基本生活技能，开始把注意力转向更深入的探索和社交活动上。

这一阶段的核心需求是对参加新活动、交新朋友、学习新技能的强烈渴望。他们问自己的关键问题是“我好，还是不好？”他们开始意识到，我能表达权力。这一阶段，如果孩子的探索欲和权力欲被满足，他们就会越来越主动，特别愿意去尝试新活动，偶尔的失败不会让他们放弃，而是会再次尝试，这能帮助孩子发展出目标感、领导力、上进心。如果探索欲和权力欲被压制，他们就会产生内疚感。内疚是对于某次失败的深深自责或者是对于努力尝试的羞耻感，并进而觉得自己“不好”。如果内疚感大于自主感，孩子就不愿意尝试新事物，也特别害怕失败。

这一阶段的孩子特别想要当领导，想当第一，想展示学到的新知识和新技能，想展现自己的影响力。这一阶段的名场面是，“爸爸看我，妈妈看我”，随时想要把自己的进步展现出来。有时他们得不到足够的关注，可能会故意捣乱以寻求关注。他们的社交能力还很弱，不得不面对“其他孩子不听自己”的现实，并发脾气。他们也可能因为胜负欲太强而出现攻击性行为。

给孩子当领导的机会是为了满足孩子的探索欲和权力欲。这一阶段，给孩子选择以及“选 A，还是选 B”句式依然非常好用。另外，家长还可以通过以下方式支持这一阶段的发展：鼓励孩子探索；在活动选择、朋友选择上作出恰当指导；常作示范，常作正向强化；帮助孩子把错误当成学习的机会。

我帮西西妈妈对西西的情况进行了分析。西西在控笔和拼音练习这两件事上拖拉磨蹭，依赖妈妈的监督，明显没有自主性。主要原因有三点：一是，西西没有在这两件事上获得过掌控感；二是，西西的手部精细肌肉发展不够，不能支持频繁的控笔练习；三是，每日控笔和拼音练习的要求超纲了。西西妈妈也反思到：西西从小很少自己做决定，很少获得过掌控感，习惯遵从大人的安排；拼音练习对抽象思维要求高，适合小学一年级开始，而幼儿园不需要学习拼音；西西手部精细肌肉发展不到位，控笔练习对他来说太难了，他做不到才逃避。之后，西西妈妈不再要求西西提前学拼音，取消了每日控笔和拼音的练习任务，聚焦以下几点，以支持西西自主性和精细肌肉的发展。

首先，西西妈妈从环境入手，添加了一个置物架。妈妈邀请西西一起选择置物架上的物品。妈妈拿着物品图片告诉西西："你可以从这些物品中选 4 样放在置物架上：乐高，插片积木，大颗粒积木，橡皮泥，黏土，剪纸套装，串珠子玩具，夹豆子套装，涂鸦板，涂色卡。你选哪 4 样啊？"这些物品既好玩又能训练手部精细动作。西西最后选了大颗粒积木、橡皮泥、串珠子玩具和涂鸦板。每天晚餐后的自由活动时间，西西可以自主从置物架上选择物品玩耍。

没有了枯燥且过难的控笔和拼音练习，还可以自己选喜欢的玩具，西西刚开始特别兴奋，每天吃过晚饭就迫不及待地跑去置物架上找东西玩。妈妈跟西西约定一次只能玩一样，收好之后才能玩下一样。西西也开心地遵守了这个约定。刚开始每样东西西西碰一下就换下一样，妈妈也没有干预。很快，西西就发现收拾物品特别费时，就开始专注于玩一样东西，半小时左右才换到下一样。1 个月后，大颗粒积木、橡皮泥、串珠子玩具和涂鸦板西西都玩得很熟了。西西的手部精细动作也肉眼可见地飞速提升，他能捏出很精巧的橡皮泥作品。后来，西西和妈妈一起更新了置物架上的物品，换成了乐高、黏土、剪纸套装、涂色卡新 4 样，依然专门训练精细动作但是难度更大。因为之前的经验，西西的手部精细肌肉可以非常顺利地支持新 4 样活动的开展。

其次，西西妈妈有意识地减少要求和命令，更多使用期望和邀请。随着西西手部精细肌肉的快速发展，妈妈想要再次启动控笔练习。这一次，妈妈没有要求或命令"必须做 15 分钟控笔练习，做完练习才能自由活动"，而是告诉西西，"妈妈希望你把这一页描线做完（期望），你都能在涂鸦板上画那么好看的画了，描线肯定也可以的，现在妈妈陪你一起描线好不好？（邀请）”西西果断拒绝了。妈妈没有急着“改用要求”，而是接着问：“现在不想描啊，没关系！你想自由活动时间之后练，还是明天练？（选 A 还是选 B 句式）。”西西回答：“明天。”妈妈立刻说：“好啊，那我们现在就在日历上标注一下，明天自由活动时间之前西西和妈妈一起做控笔练习。”

第二天，妈妈都刻意提醒西西：“今天自由活动之前要做控笔练习。”晚上，西西乖乖地做了控笔练习，并能准确地握着铅笔描直线和曲线了。妈妈乘机夸奖了西西，并邀请他在自由活动时间之后设定一个 30 分钟的安静时间：西西可以在控笔练习和阅读绘本中自主选择。妈妈发现，当控笔练习的难度和西西手部精细肌肉的发展水平相匹配之后，西西会主动在安静时间选择控笔练习。无需妈妈监督，西西自己就主动完成了好几页控笔练习。妈妈奖励了西西，让他自己决定周末去哪里玩。

最后，家人刻意制造让西西自主决定的机会。从穿衣、穿鞋到吃饭，家人有意识地让西西自己决定。刚开始西西还比较犹豫，但很快他就开始享受自己做主的乐趣了。但这其中挑战最大的是，爸爸妈妈要忍住时不时指导的冲动。有一次，晚饭时西西只吃一个菜，妈妈见状没有像往常一样把另外两个菜夹给西西，而是故意问爸爸：“你有没有吃够三样菜？”爸爸马上会意，说：“好像有一样没吃，我现在就补上。”西西看了爸爸一眼，自己默默夹起了其他菜。除此之外，每次外出购物，西西也已经可以在划定的范围内顺畅决定买什么衣服、玩具、水杯、食材了。在这之前，每次面对“买哪个好呢？”的询问，他都只会说“不知道”。

我想做得越来越好：胜任

12 岁的沐沐，在国内某国际学校上 6 年级，她有清晰的目标：下一年想转到泰国的国际学校，读完初高中后，申请设计类大学。沐沐 5 岁开始系统学习画画，喜欢画且画得很好，她活泼开朗，到哪都能交到朋友。沐沐从小独立，学画画、上国际学校、去泰国留学都是沐沐自己的主意，爸妈基本不用为沐沐的学习操心。

妈妈希望沐沐拿到泰国国际学校录取通知书，并提升托福成绩。于是找我为沐沐做了英语水平评估，制订了学习计划，并在线教她英语，开始帮她为转入国际学校做准备。

然而，沐沐的问题开始暴露。她想学好英语，但又经常请假，理由要么是休息，要么是参加活动，或者仅仅是太累了不想上课。半年过去了，原计划 50 个小时的英语课，沐沐只上了 20 个小时。

作业勉强能按时提交，但质量一言难尽。大多时候，看着自己的作业，她不记得想表达什么，也忘记是怎么选出答案的。

按照这样的学习状况，沐沐很难通过国际学校的面试。

沐沐在自主性方面确实没有问题，她想学好，但仅仅“想学好”远远不够，沐沐需要具备学好的能力，也就是说，她需要能够胜任。

胜任（competence），指的是熟练掌握完成某项任务的技能。胜任的心理需求让人们想要越做越好。孩子不愿做某件事，可能是因为他不想做或不会做。自主性让孩子想做，胜任让孩子会做。胜任是内驱力的第二个要素，帮助孩子获得胜任感的关键在于帮助他们感受到自己的成长以及努力对成长的作用。

提升孩子胜任的方法

1. 设置“跳一跳能够得着”的目标

心理学家维果茨基的最近发展区理论，认为孩子的发展有两种水平：一种是孩子的现有水平，指独立活动时所能达到的解决问题的水平；另一种是孩子可能的潜在水平，也就是在他人指导下能达到的水平。两者之间的差异就是最近发展区。如孩子能够用英语独立说出 5 句自我介绍，但在老师的协助下能够说出 10 句，那么这个孩子的最近发展区就是第 5 句到第 10 句。

对于孩子来说，低于现有水平的任务，会让他觉得简单且无聊。超出他潜在水平的任务，会让他觉得太难而退缩。落在最近发展区里的任务天然带有驱动力——不至于太简单或太难，孩子做这种任务，能感受到自己的胜任和进步，所以愿意主动参与。

处于最近发展区的目标就是让孩子“跳一跳就能够得着”的目标。我们可以帮孩子设置这样的目标，为他们提供带有一定难度的内容，调动其积极性，发挥其潜能，超越其目前的最近发展区而达到下一阶段的水平，然后在此基础上迈向下一个发展区。

怎么判断一个目标是否在最近发展区呢？一个简单的方法是，看孩子的反应。孩子退缩畏难，或者需要成人大量协助，则表示难度过高，需要把任务继续分解，选择难度更低的任务。孩子觉得无聊，可能是任务太简单，他在避免低水平重复。当孩子参加与最近发展区匹配的任务时，他们通常非常投入且只需要有限的支持。比如孩子在玩滑梯时，来了两个小朋友，要他让开，孩子跑向家长求助。孩子的求助表明他无法解决被其他小朋友驱赶的问题，这时让孩子独立解决问题的目标就超出了孩子的最近发展区。

2. 提供脚手架 + 指导性参与

脚手架是为了保证各施工过程顺利进行而搭设的工作平台，用在教育里指成人在孩子学习过程中给孩子提供的个性化支持，包括直接讲授、工具、练习等。正如施工中的脚手架会逐渐淡出一样，成人给孩子提供的脚手架会随着孩子知识、技能的提升而逐渐淡出。当孩子已经掌握了完成任务的知识技能时，脚手架就可以彻底退出了。

脚手架对于发展孩子最近发展区能力有重要作用。就像孩子学骑自行车一样，刚开始学的时候需要给自行车加两个辅助轮，随着孩子平衡力越来越好，可以撤掉辅助轮，孩子学会独立骑车。在这个过程中，辅助轮就起到了脚手架的作用。

那么怎么判断孩子是否需要脚手架呢？有一个大的原则是：孩子需要帮助时再提供。还是刚才的例子，孩子在玩滑梯，来了两个小朋友，要他让开，孩子跑向爸妈求助，家长为了鼓励孩子自己想办法，问孩子："你觉得该怎么办呢？"孩子说："不知道。"孩子先求助再说不知道，这表明他真的需要帮助，这时家长就应该提供"脚手架"，比如可以帮孩子想好沟通话术，然后鼓励孩子自己去沟通。

如果孩子没有求助，家长则不要急着提供"脚手架"，要先给孩子自己尝试解决问题的机会。如果孩子已经求助了而且面对反问也说了不知道，这个时候脚手架就很必要。有时我们可能担心孩子会形成依赖，所以当孩子求助时，也强制要求他自己解决问题，这就相当于把一个不会骑车的孩子放在自行车坐垫上，哪怕孩子再勇敢，也没法骑走自行车。

除了脚手架之外，另一种支持是指导性参与（guided participation），指的是相对经验更丰富的人（指导者）和经验不丰富的人（学习者）共同努力完成一项任务，在这个过程里指导者和学习者在同一目标下承担不同责任，指导者自然而然会提供示范和指导。

在日常活动中，家长可以通过和孩子一起参与某个活动，帮助孩子学习和成长。指导性参与给这种"在生活中学习"打上了"高光"。在这些活动里，有时是孩子占主导，有时是家长占主导。不管是完成大型乐高、做复杂拼图、画画，还是做饭、全屋收纳、设计布置新的书房、种菜、养花，这些活动的意义在于在大人和孩子一起完成任务的过程中，孩子能够学习各类技能，体会到胜任。

根据维果茨基的理念，指导性参与中，儿童不是只会执行指令的被动学习者，而是活动的积极参与者，他们和指导者不断找到更好的方法以推进任务。事实上，儿童会有目的地分配注意力去学习某一活动，这叫“有意识参与”，他们的努力包括倾听他人的对话、问问题、请教，以及模仿。

3. 推一把

有时，孩子会因为犯㞞或偷懒而回避他们能做到的事。这时就需要用“推一把”的方法。

12 岁以前的孩子经常有偷懒和依赖的现象。想象一下你家孩子最近有没有这样的表现：“妈妈喂我吃”“爸爸给我穿裤子”“妈妈倒水”“他们霸着攀爬架，爸爸帮我去跟他们说”“妈妈帮我道歉”“爸爸去教训欺负我的人”。这种时候需要适当推孩子一把，避免他产生依赖心理。

“推一把”是给孩子一个外力，以走出舒适区，勇敢承担他们应该承担的责任，对孩子独立性发展和胜任的提升非常重要。孩子能胜任的机会越多，想要胜任的自我驱动力就更强。

“推一把”要遵循以下策略：

正向激励为主。比如明明可以自己穿裤子，却说“爸爸给我穿裤子”，这时需要大人的正向激励：“你可以自己穿裤子的，上次穿得就很好，爸爸帮你把裤子拿过来，你自己穿。你想穿黑色的还是蓝色的？”这种正向激励帮助孩子把注意力放在正确的行为上，传达出明确的期望和支持。

正向激励的反面是批评、威胁、比较，如“你明明就会穿，为什么让我帮你穿？不要偷懒。”“怎么还不穿啊，不要磨蹭，穿不好裤子今天就不出去玩了。”“你看小明都能自己穿裤子，为什么你不行？”批评、威胁、比较会让孩子把注意力集中在负面标签上——偷懒、磨蹭、不行，无形中也让孩子给自己贴上这样的标签：我就是懒啊，所以我要让爸爸做；我就是磨蹭啊，我就快不起来；我就是不行啊，那我当然做不到。更重要的是，批评、威胁、比较通常会引发孩子强烈的焦虑情绪，从而出现抵触行为，让一件小事走向哭闹很久的结局。

想要正向激励，大家可以试着把所有的“不要……”换成“要/可以……”，即把否定句换成肯定句。比如：

“不要叫妈妈，不要偷懒”换成“你可以自己吃饭，你自己去，你试一试”。

“不要怕”换成“你去跟他们说‘公共物品大家轮着玩’，你去要求他道歉，我会陪着你”。

“不要推卸责任”，换成“你去道歉，他们会原谅你的”。

结合非物质奖励。非物质奖励不要在事前许诺，而是要在事后。前面提到过，多巴胺这种“奖励”激素在获得超出预期的奖励时最有效。在没有提前许诺奖励的前提下，孩子成功地完成了某项任务，这时如果给他非物质奖励，会让他的多巴胺快速分泌，从而带来巨大的满足感，这种满足感激励着他们再次做出“走出舒适区”的勇敢行为。

当孩子第一次克服害怕，跟他人说出“我们轮流玩”的时候；第一次跟别人道歉的时候；第一次捍卫自己的权利，说出“你打人不对，我爸爸会保护我”的时候，可以给他们非物质奖励，表扬他们勇敢地走出了舒适区，表扬他们独立解决了问题。

4. 让进步看得见

让进步看得见的方法，主要有以下几种：

有效夸赞。父母说出孩子的态度、努力和进步，帮助孩子感受到“我掌握了越来越多的知识和技能，我越来越能胜任”。

记录孩子成长。摄影、摄像时，可以寻找能展现孩子进步的场景拍摄。比如：第一次对别人的冒犯说“请停下”；想要玩别人的玩具，主动说“能给我玩一下吗”，而不是一把抢过来；第一次帮家人拿快递；自己下厨做出了一桌子饭菜；自己把自己的书桌收拾得整齐、干净；等等。这些时刻是孩子最能体会到自己能胜任的时刻。可以把这些照片打印出来贴在照片墙上，或者做成视频。

保留孩子的作品。特别是能够体现孩子努力和成长的作品。比如孩子花三天时间完成的一幅画，孩子花两周时间搭建完成的乐高模型，孩子做的泥塑、写的诗、练的书法、拿的奖状、拍的照片、织的围巾等，都可以在作品展示区展示出来。作品展示不一定要挂在墙上，还可以摆在桌面上。

成长记录表。这种方式对于打卡式任务非常有帮助。比如每日读英语打卡，每天跳绳计数。想象一下：墙上贴着日历，每当孩子完成当日打卡任务后，就在上面画一颗星星，一个月结束时，他会看到满满的星星。那一刻他也感受到了满满的胜任感和成就感。

回到前文沐沐的案例，我重新审视了沐沐胜任感不足的原因。

首先，目标难度太高，超出她跳一跳能够到的范围。沐沐的英语基础比较差，虽然在国内的国际学校学习了3年，但因为国际学校用教母语的方式教英语，不会细致讲解词汇之间的差别，导致沐沐的英语有很多知识漏洞。又因为老师没有教过如何规范地书写句子，导致她无法正确地完成书写任务。在这种情况下，一年时间，通过每周上1次课的方式，很难达到泰国国际学校的入学标准。另外，鉴于沐沐现在还看不懂托福题，一年内托福成绩大幅提升要求对她来说也过高。

其次，要求不严。虽然她有自主性，但她毕竟只有12岁，还不会对各类活动进行重要性排序。当上英语课和参加演讲排练的任务冲突时，她也不能根据情况调整优先级。她容易偷懒，每个节假日都想玩儿，不想学习，写作业也随便应付。

最后，她并没有看到自己的进步。单词背背停停，背完就忘。一周学习一次，上周的内容到这周基本就全忘了。学习了一段时间后，没有成就感。

总结出以上原因之后，我和沐沐妈妈就一起调整了她的学习安排。

增加上课频率，用更多时间完成英语练习。加入阶段性目标，降低每一阶段的目标难度，使之更匹配沐沐目前的学习能力。

提出明确、具体的要求。除非生病，否则英语课一律不准请假。给每一次作业制定了严格的标准，细化到“上课前半小时提交作业”“把不会的生词或问题标注下来”等。

使用英语单词打卡日历，每天打卡。把当天所学内容整理成思维导图，作为每节课的常规作业，帮助她复习及进步可视化。

调整学习安排后，沐沐学英语的内驱力明显提升，再也没请过假，每次都准时提交作业，准时上课，英语水平得到了快速提高。

做好对我来说很有意义：归属

2009 年，我在云南大理支教。第一节课上我作了自我介绍："我来自新疆。"有一位学生马上问："老师，新疆在哪儿？"班里很多学生到过的最远地方就是离村子 12 公里的县城。哪怕离县城只有 3 小时车程的大理，很多学生也没去过。他们没有真正踏足过村子外面的世界。

我趁着假期去了大理一中。大理一中是大理州最好的中学之一，位于家家有花、户户有水的大理古城。整座校园是白族风格建筑，白墙搭配飞檐翘角，有亭台楼榭、花园绿树，古色古香，幽静葱茏，一年四季花开不断，是个名副其实的"花园式学校"。在校园里抬头可见苍山，出门是热闹的大理古城，不远处是洱海，校园内外美得像一幅画。那时，大理一中的学生宿舍已经做到了四人一间，且带独立卫生间，可以媲美大学宿舍。该学校升学率很高，每年都有学生考入清华、北大。

我拍了很多大理一中的校园景色照片，从宿舍到教室，再到食堂，准备带回去分享给我的学生。当我把照片打在投影仪上的时候，全班同学并没有我期待中的羡慕，而是充满怀疑地看着这些照片。他们沉默了一会儿，说："老师，这些照片是假的吧，大理哪有这样的学校？你就是想用一些照片骗我们好好学习吧。"

有很长一段时间，我都不能理解学生们的这种反应。生于 1995 年左右的他们是伴随着电视长大的，他们所在的村子离热闹的丽江只有半小时车程，村里经济条件并不差，他们有足够的渠道接触到外面的世界。为什么对我介绍的大理一中却抱有深深的怀疑呢？

多年之后，我才明白，是因为不相关。大理一中的条件再好，离他们再近，都和他们的日常生活不相关，和他们在乎的东西不相关。作为刚教了他们一个月的支教老师，我还没有和他们建立足够的信任和联结，我的期望和他们不相关。

内驱力的第三个要素归属（connection 或 relatedness），也被翻译为相关或关系，指感到与他人联结和感到归属某团体的需求。人是高度社交的动物，有和他人互动的需求。人们需要互动、联结、被关怀和关怀他人。我们渴望有意义的关系，这种关系和内驱力密切相关。在一项研究中发现，学生觉得老师冷漠不在乎时会更没有动力学习，因为老师并没有满足孩子建立关系的心理需求。

丹尼尔·平克（Daniel H. Pink）在研究组织管理及员工激励时为归属提供了另外一层解读，“如果一个人感觉不到自己属于更伟大更长久的事物，他就无法过上真正出色的生活。”归属，不仅仅指归属为某一团体，也指归属为某个有意义的目标。

心理学家米哈里·希斯赞特米哈伊（Mihaly Csikszentmihalyi）曾说：“目标为生活提供了活性能量。我认为，只有那些想做超越自己能力范围事情的人，才会在人类发展进程中取胜。”归属于某个有意义目标的目标感哪怕对于很小的孩子来说也很重要。当孩子理解某个任务能帮助他们实现某个更大的目标，且这个目标对自己有意义时，他们会更有内驱力完成任务。

如果说自主是我觉得我能决定怎么做，并作出贡献，胜任是我热爱挑战也有能力克服挑战，那归属就是我热爱周围的人，并觉得这个任务会帮助我实现某个有意义的目标。

归属源于安全依恋和好的目标

当人有了安全依恋和好的目标，就有了归属。有了归属，人就有了不断前进的安全基地。

1. 安全依恋：探索世界的安全基地

归属一方面来自安全依恋的发展。安全依恋指的是人对生活中特定人物有一种强烈而愉快的情感联结，与这个人交往会带来愉快体验，面临压力时可以从这个人这里得到安慰。安全依恋是爱、安全和归属的起源，是人探索世界的安全基地。

安全依恋是依恋的一种类型。目前通用的依恋类型划分来自心理学家玛丽·安斯沃斯（Mary Ainsworth）的陌生情境测验。安斯沃斯根据 1~2 岁的婴儿在 8 个场景里的表现，把婴儿分为以下 4 种类型：

安全型依恋（secure attachment）。婴儿把妈妈作为安全基地。妈妈在时，他们独自探索，对陌生人随和大方。一旦妈妈离开，他们就会有明显的不安——可能会哭泣。妈妈返回时，婴儿积极靠近妈妈，哭泣也很快停止。美国 65% 的婴儿属于这种类型。

回避型依恋（avoidant attachment）。妈妈在时，婴儿漠不关心。妈妈离开时，婴儿也不伤心。婴儿对陌生人的反应与对妈妈的反应相同。重聚时，他们回避妈妈，当被抱起时，他们不愿意靠近。20% 的美国婴儿属于回避型依恋。

抗拒型依恋（resistant attachment）。这些婴儿紧紧靠在妈妈身边，很少有探索行为，对陌生人保持戒备。一旦妈妈离开，他们就会大哭。妈妈返回时，他们又表现出矛盾的生气抗拒——会接近妈妈但是打妈妈、推妈妈，被妈妈抱起后还是哭个不停、不容易被安抚。抗拒型依恋在美国婴儿中占 10%。

混乱型依恋（disorganized / disoriented attachment）。这种类型反映了最大程度的不安全。这种类型奇怪地混合了回避型和抗拒型的行为。他们似乎对于接近还是回避妈妈犹豫不决。当妈妈回来时，这些婴儿表现出不知所措的行为，比如被妈妈抱起时出现抑郁的情绪，被妈妈安慰时意外地哭，与妈妈交流时表情茫然，妈妈靠近时躲开。这类婴儿占 5%。

心理学家埃里克·埃里克森以及弗洛伊德认为，婴儿从安全依恋中获得的温暖、信任和安全为健康的心理发展奠定了基础，非安全依恋的个人未来很难最大化发挥潜能。大量的研究表明，具有安全依恋的儿童，有更高的自尊，更自信，有更好的社交能力、更强大的共情能力、更高的责任感和更强的成就动机。

安全型依恋的重要性不言而喻，依恋是人和其他人第一次建立的情感联结，奠定了其发展基调，会极大影响认知、自我、情绪、社会性的发展。除了安全型，其他所有的依恋类型都表示某种程度上的不健康亲子关系。没有安全依恋的孩子，是没有安全港湾的漂泊者，会在不安全感中消耗大量心理能量，可能在过度反应或者过度自我保护的状态中徘徊，体现出易怒、易攻击或者退缩不安的风格。

依恋的关键发展期是8~24个月。在关键期形成的依恋类型，后期有转变的可能，但倾向于保持稳定，因为父母抚养方式倾向于稳定。与父母形成非安全依恋的婴儿，通过与其他人（父亲、祖父母、保姆等）形成安全依恋，可以减轻与母亲之间不安全依恋的不良后果。

2. 敏感养育：养出安全依恋的孩子

什么样的养育能更容易养出安全依恋的儿童呢？在一项对66份研究的综述里，总结出能和婴儿形成安全依恋的母亲具有以下特点：

表6　安全依恋型的母亲特征

特征	描述
敏感性	对婴儿的信号能迅速、正确地做出反应
积极态度	对婴儿表现出积极的关系和爱
同步性	与婴儿建立默契、双向交往
交互性	在交往中，母亲和婴儿会注意同一件事
支持性	对婴儿的活动给予密切的注意和情感支持
激发性	常常引导婴儿的行为

符合以上特点的养育被概括为敏感的养育（sensitive care-giving），即对婴儿做出迅速、一致、恰当的反应，温柔细心地照料他们。敏感的养育对安全依恋的形成非常重要。

养育里的哪些做法会导致不安全依恋呢？在养育过程中对宝宝表现不一致，父母根据自己心情的好坏，对婴儿时而热情，时而冷漠，甚至很多时候没有反应。

婴儿面对父母不稳定的回应，充满了巨大的不确定感和不安，无力专心探索，对父母的离开感到非常恐慌，通常会采取极端的方式，比如哭闹、纠缠等，来获得安慰，形成抗拒型依恋。

对宝宝缺乏耐心，对婴儿的信号没有回应，常对婴儿表现出嫌弃、厌恶、不耐烦的消极情感，很少从与子女的亲密接触中获得快乐；或者过于热心，总是喋喋不休，甚至在婴儿厌烦时提供过多的刺激。这两种养育容易造成回避型依恋。对于不喜欢自己的父母，或者总是纠缠自己的父母，婴儿只能采取回避的态度应对。

如果婴儿长期遭受忽视或身体虐待，就容易形成混乱型依恋。通常发生在孤儿院、父母虐待儿童等情况下。

以上情况看起来比较极端，但其实在日常生活中也会发生。比如，下班回家的爸爸，想跟孩子亲近，把睡着的孩子弄醒，抱着孩子不停说话，举高高。家长兴冲冲买了很多益智玩具，发现孩子不喜欢，然后硬把玩具一次次塞给孩子。

敏感的父母往往自己活得通透且随时关注孩子的需求，不敏感的父母很可能自己也面临很多生活困境。不安全依恋的孩子未来会面临更多的人生挑战。这提醒着父母应该在 8~24 个月的关键期给孩子提供高质量的养育。关键阶段出现依恋问题，后期补救事倍功半。

敏感养育不要求天赋，不花钱，甚至不需要很多时间，只要有意愿并持续学习，每一个家长都可以给孩子提供敏感的养育。当孩子在安全依恋里感受到，不管遇到什么风雨，都有一个随时可以支持自己、包容自己、爱自己的安全基地，他们自然有内在的动力去不断发掘自己的潜能。

3. 好的目标：激励人不断前进

归属另一方面来自好目标。好目标自带激励效果。一个目标如果没有激励作用，通常是因为这个目标太模糊，孩子不明白这个目标意味着什么。比如“好好学习，考个好大学”。“什么是好大学？”“好大学跟我有什么关系？”这个目标对0~12岁的儿童就是非常模糊的目标，很难起到激励作用。孩子可能会因为想要取悦家长而去努力学习，而不是主动为一个自己认可的目标努力。

一个好的目标符合SMART原则：

- 具体（specific）；
- 可衡量（measurable）；
- 可实现（achievable）；
- 和个人相关（relevant）；
- 有实效（timely）。

怎么帮助孩子设置好目标？家长们可以使用两个实用工具：**目标分解图和目标路径图。**

①目标分解图让目标清晰形象，有吸引力，激励孩子自发地向目标前进。

我小学六年级时，一次因为学校活动需要，由我负责黑板报设计，在两周内按照以往标准完成整个黑板报的排版设计、绘画、选文抄写。这个任务的目标对我来说，具体——完成整个黑板报，可衡量——按照以往标准，可实现——从时间、个人能力上我都能完成，个人相关——我以前就是班里负责黑板报的核心成员，有实效——两周内完成，符合标准的SMART原则。我清楚地知道为了完成这个任务，我需要做什么，能收获什么，所以没有丝毫犹豫就接下了出黑板报的任务。

下面的目标分解图可以更直观呈现我实现目标之后的场景：

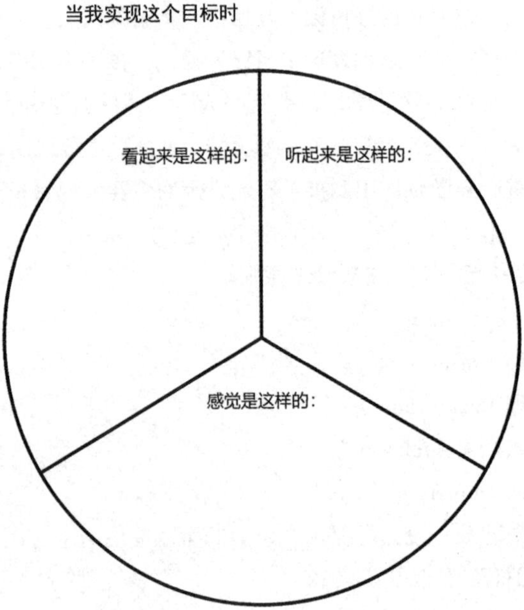

图 12　目标分解图 1

根据目标分解图的思路，我对于实现目标之后的场景想象是这样的：如果我能一个人完成整个黑板报的设计，那么全班同学每天都能看到我的作品（实现目标看起来是什么样的）；我会听到同学说："她一个人完成了整个黑板报，又能写，又能画，太厉害了吧！"我会听到老师的夸奖："她出色地完成了任务。"（实现目标之后听起来是什么样的）班里还从来没有其他人能一个人把整个黑板报做完，如果我做到了，我就是第一个，那我就太牛了（实现目标后感觉是什么样的）。用目标分解图呈现是这样的：

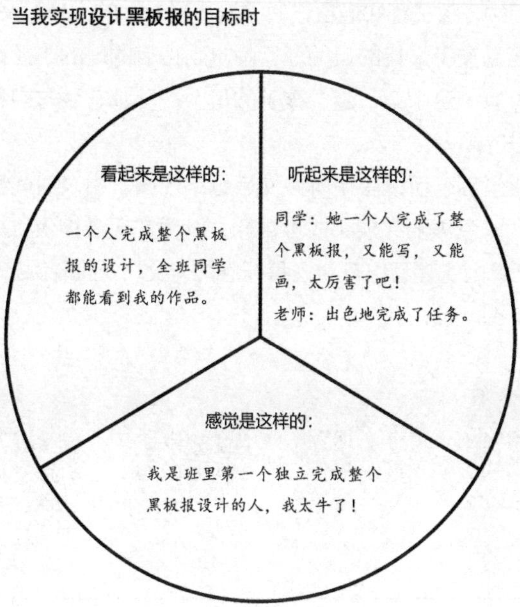

图 13　目标分解图 2

我想象出完成目标的景象之后，瞬间就充满了干劲儿。我被实现目标的美好画面吸引着，充满内驱力地主动迎接挑战。完成这个任务时，胜任感、归属感、掌控感把我包围，以至于我到今天都记得当时的感受。

②目标路径图展示实现目标的清晰路径，可以帮助孩子以终为始，围绕目标规划自己的行动。

目标路径图，指把大目标分解为阶段性的小目标，帮助学习者看到实现目标的清晰路径，保持动力，防止中途退场。

幼儿园可以用简化的思维导图列出实现某个目标需要做好的准备。如果想实现举办皮影戏演出的目标，那么需要准备好的物品就包括：资金、演出票，各种零食（爆米花、可乐、果汁等），演出道具（幕布、手电筒、玩偶等），一个故事。用一个思维导图表示，举办皮影戏演出的目标就被分解成了一个个容易实现的小任务。在完成每个小任务的过程中，孩子都知道自己离“演皮影戏”的大目标又近了一步。这个大目标是孩子最终的目的地，画出到达目的地的路径是实现目标的第一步。有了这个第一步，孩子的每个行动都有了方向和意义，也就更有前进的动力。

进入小学后，可以采用阶段性目标路径图，引入时间概念，让孩子知道不同阶段需要完成哪些小目标，以便实现最终大目标。如果目标是“3 个月内能够写出符合投稿标准的作文”，那么目标路径图的一种可能如下图所示：

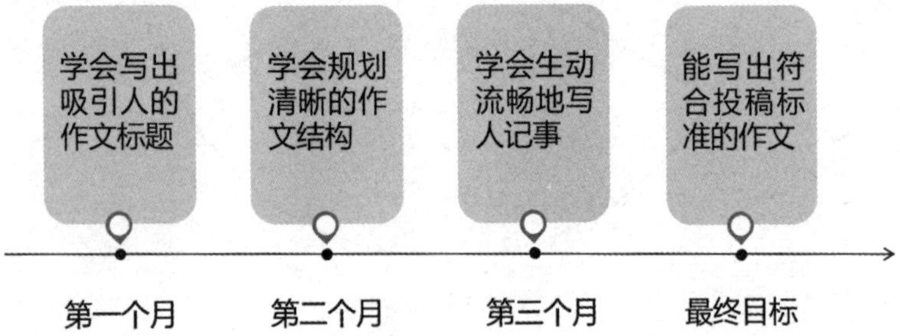

图 14　目标路径图

这些方法非常适合用在家庭育儿场景中。孩子对家庭有天然的归属感，家长也更能根据孩子的特点和孩子一起制定个性化目标。要想发展孩子的归属，有以下几点需要注意：

首先，埋怨对归属的杀伤力很大。有些家长经常这么说孩子：“你就不能快点写作业？你怎么不细心点呢？为什么做这么多遍还不会？”这些表述方式传达出的是对孩子的埋怨——你没达到我的期望，我对你特别不满。孩子在埋怨面前会变得战战兢兢，缺乏安全感和归属感。

其次，孩子不会因为怕你或亏欠你而听你的，但会因敬你、爱你而听你的。如何让孩子敬你、爱你呢？要自己做好榜样，足够懂孩子。当孩子不听话时，可以先自问：我懂孩子吗？知道孩子喜欢什么吗？

什么会让孩子兴奋得睁大眼睛？什么会让孩子害怕得想要逃避？孩子的优点有哪些？孩子最近在哪些方面取得了进步？如果我们足够懂孩子，孩子自然会认为爸爸妈妈是跟“我”一伙的，从而对家庭有深深的归属感。

最后，家长要接纳自己和环境的局限性。接纳局限，并专注于自己能给孩子发挥影响的疆域，这样，每一位家长都能不断帮助孩子获得“为目标努力并靠近目标”的经历。

自主、胜任、归属是人的基本心理需求。当这三个心理需求被满足时，人们会具备内驱力，并有良好的心理健康。

需要注意的是，内驱力和外驱力的界限并不明晰。由外部因素激发的动机会被转化为内部驱动，成为内驱力。就像一个孩子从来没有游过泳，他自然无法产生游好的内驱力。但当他看到朋友、偶像游得很好时，因父母的邀请和鼓励等外部的驱动因素激发了好奇。孩子自主决定尝试后，随着游泳技能的提升，他想要游得更快更好的渴望就成了内驱力，激励着他不断提升游泳技术。

大理一中的激励方式失效后，我决定“曲线救国”，不再提大理一中，也不再提考高中这种他们还不能和自身联系到一起的空洞目标。

我做了几件事，通过家访了解他们的生活，参与他们的活动（比如捡蘑菇、野炊），和他们聊天，了解他们的喜好，以此和他们建立信任而亲密的师生关系，让他们感受到被在乎。同时发起一系列集体活动，包括作文小组、阅读小组、合唱，让他们感受到自己属于这个集体，有归属感。

第一学期结束时，不论我说什么，已经不会再有学生怀疑这些话的真实性。他们已经信任了我，并愿意朝着我提出的期望努力。这是归属感带来的变化。

接下来，最有挑战的就是如何让他们知道现在的每一天，归属于一个宏大的任务：考上大学，这个任务对他们的人生有重大意义。通过制定可行性目标——掌握有效写作技能，以及制定目标路径图，我带领他们一起一步步实现目标。

一年后，孩子们的作文水平普遍得到提升，全班的语文平均成绩从全镇第七，上升到全镇第三。孩子们在写作上的进步，得益于他们觉得自己归属于班集体，这个目标对自己有意义，且知道怎么一步步脚踏实地地实现目标。

6 认识他人：培养一个通情达理的孩子

我理解他人的想法与感受：共情

幼儿园小班的小朋友们正在参加书展，并向大家介绍他们做的“书”，“书”里是他们自己画的故事。7 岁的超超也参展了，突然他翻开一个小朋友的“书”，大声说：“你画的是什么呀？太难看了。”被嫌弃的小朋友立马就哭了。我告诉超超：“他才 3 岁呢，你这么说，他很伤心。”

超超不以为然地说：“有什么好哭的？他的画就是丑呀，我 3 岁时画得比这好看多了，他为什么不画好看一点儿？”那个小朋友哭得更厉害了。超超只看了他一眼，就面无表情地走开了。

超超不理解其他小朋友的心情，也理解不了为什么自己的话能让小朋友这么难受。超超并不是故意惹小朋友不开心，只是他的共情发展出现了比较大的问题。

共情（empathy），也称同理心，指感受并理解他人情绪的能力。共情与同情（sympathy）不同，同情指对于他人遭遇在感情上产生共鸣；共情是把自己置于别人的境况，体会对方的感受。在超超的案例里，他无法感同身受地理解小朋友因为画被说不好看后所产生的伤心、难过，这就是没有共情能力。

共情能力强的人，能更好地理解对方的感受，并采取恰当的回应方式。我们通常说的“高情商，会来事”，往往指的就是共情能力高，即能够从对方的细微反应里感受对方的情绪，领会对方的意图，从而恰到好处地照顾对方的需求。这样的人更容易取得对方信任，更容易与人建立合作关系。

情商之父丹尼尔·戈尔曼在他的著作里提到“共情能力有助于学习效率的提升”。那些在共情能力敏感度测试中得分高的儿童，往往是学校里最受欢迎的人，是情绪最稳定的人，学习成绩也更出色。

没有共情能力的人成为罪犯、施虐狂和反社会分子的可能性更大。因为这些人没有能力体会到他人的痛苦，在施暴的过程中完全不会产生正常人会有的同理心。爱尔兰作家约翰·康纳利（John Connolly）认为，人性的本质和核心就是能对他人的痛苦感同身受，并采取行动缓解他人的痛苦。同情里有高贵，共情里有美丽，原谅里有优雅。无法共情的人不仅自己的人生存在重大缺憾，也可能造成一定社会问题。

共情的发展阶段

共情的生理基础是天生的。共情在动物界也普遍存在，这一点最有力的证据可能来自 1964 年美国西北大学的一项实验。主导实验的是曾任西北大学精神病学院联合主席，并获得多项世界级心理学奖项的朱尔斯·马瑟曼（Jules Masserman）博士。

在这项实验中，研究人员训练 15 只恒河猴拉动链条来获取食物。三天后，实验者在这些被训练过的恒河猴隔壁笼子，放入另一只恒河猴。被训练过的恒河猴可以通过单向镜子看到隔壁同伴的反应。当一只猴子拉动链条去获取食物时，隔壁同伴会受到电击，这只猴子能看到同伴受到电击后痛苦的表情。接下来发生的事情很了不起。绝大多数猴子（在一项实验中 87% 的猴子）宁愿挨饿也不去拉链条。其中一只猴子为了不让同伴受到电击，饿了 12 天，也没有去拉动链条。

这表明，恒河猴宁愿自己挨饿，也不愿伤害隔壁的同伴。恒河猴能够共情隔壁同伴遭受电击的痛苦，而自愿委屈自己。其实，不仅是在恒河猴这里，在很多动物身上，都可以观察到共情行为，比如大象、狗。

人类婴儿一出生就具备感受他人情绪的能力，并在和周围人的互动中发展这种能力。婴儿出生后，会对其他婴儿的哭声做出不安的反应，这就是共情的萌芽。几个月大的婴儿能够捕捉周围人的情绪，并对周围人的不安做出反应。9 个月大的婴儿看到另一个婴儿摔倒了，会跟着流眼泪，然后爬到爸爸怀里寻求安慰。18 个月的孩子，看到其他小朋友哭，会把小猪玩偶塞到哭泣的小朋友的怀里以示安慰。

学前孩子普遍出现共情行为，产生与他人相似的感受和情绪反应。比如看到妈妈笑，孩子也笑；看到妈妈哭，他们也难过。但共情也有可能引起焦虑。有时，孩子感受到了他人的消极情绪，自己也产生类似情绪并被吓到，从而变得焦虑。有时，看到哭得很伤心的小朋友，孩子也会皱眉、咬唇、心跳加快，这些就是焦虑的表现。家长的教养方式会影响孩子的共情能力。如果家长鼓励孩子表达感情并提供关怀，孩子就能展现更多的共情反应；如果家长经常生气，惩罚孩子，那么会阻碍共情的发展。

到了小学阶段，会在共情基础上发展出换位思考（perspective taking），换位思考指的是想象别人想法和感受的能力。3~6 岁孩子的换位思考还没有分化。也就是说，他们能意识到别人也有感受和想法，但经常把别人的想法、感受与自己的想法、感受混淆。这个时候的孩子还不能很好地站在别人的角度理解问题。

有一次，我带幼儿园大班小朋友去公园游乐场玩，一个小朋友拦着自己的好朋友，不让他坐转盘。因为他自己刚坐了转盘，转晕了，感到不舒服。他觉得好朋友也会和自己一样，在转盘上会很晕。他并不能很好地理解，其实他的朋友不一定会像他一样觉得晕。

4~9 岁儿童能理解人会有不同的感受和观点。从 4 岁开始，孩子们就知道面对同样的情况，不同的人会有不同的感受和观点。他们有能力根据环境去调整自己的行为。比如在家玩皮球，妈妈能体会自己的快乐，所以允许自己玩；但是爷爷不喜欢太吵闹，不准许自己在家玩皮球，他会批评自己。基于这样的理解，孩子会调整自己在妈妈和爷爷面前的行为。再如古诗没表演好，孩子感受到了老师的失望，情绪低落；而回到家之后，他发现妈妈并没有失望，而是相信自己多练习就可以表演好，于是马上信心满满。

7~12 岁儿童能从别人的视角审视自己的想法、感受和行为，而且知道别人也会这样做。比如面对上台表演的任务，孩子非常紧张，但是他会告诉老师："我就算跟妈妈说害怕，妈妈也不会理解我的，妈妈觉得我就应该多练习，而且会让我做更多的练习。”他已经非常清楚妈妈会如何看待自己紧张的感受。再如有孩子说：“我必须写完作业。不写完，明天老师会很失望，而且会批评我。”他能从老师的视角审视自己不写作业的行为，认为老师会觉得失望并会采取批评。

10~15 岁儿童能站在第三方的立场想象自己和他人被怎样看待。小学高年级孩子已经具备了较高阶的换位思考能力，他们能够从社会道德的角度看待自己和他人。

壮壮和小优是好朋友。有一天壮壮去打篮球，请小优帮忙看一下自己的新手表，小优答应了。结果壮壮回到教室的时候发现委托给小优照看的手表不见了。这可是爸爸刚送给壮壮的新手表。当 5 年级的孩子读到这个手表事件时，能够从壮壮和优优的立场，客观分析他们的不同感受和想法，也能代入其他人的视角回答下面这样有争议的问题：壮壮应该责怪小优吗？小优应该给壮壮赔偿手表吗？

如何帮助孩子发展共情

那么如何帮助孩子发展共情能力呢？以下几个方法非常有效：

1. 感受和孩子同频共振的美妙

共情就像孩子出生自带的程序，这个程序需要在孩子和照料者的互动中被激活并发展。激活的关键在于家长和孩子同频共振。婴儿看向妈妈，妈妈的目光也看向他；婴儿笑，妈妈也笑；婴儿哭，妈妈会安抚。这样的“婴儿—照料者”之间的互动属于同频共振，即父母恰当地回应了孩子的感受，婴儿感受到自己的情绪被理解、接受，并得到回应。于是婴儿就会自发对周围人做出理解、接受、回应的举动，妈妈看向他，他回看妈妈；妈妈笑，他也跟着笑；妈妈哭，他则用小手蹭妈妈的脸想要安抚妈妈。

随着婴儿的成长，这样的同频共振不断发展，并且越来越高阶：互动中加入更多表情、动作、语言，使得共情能力逐渐发展壮大。

如果这种互动不同频会怎样呢？不同频的方式通常有三种：一种是不回应，一种是过度回应，还有一种是错乱回应——两种回应的无规律集合。婴儿每次看向妈妈时，妈妈都躲避他的目光；孩子试图安抚妈妈时，妈妈无动于衷；孩子笑时，妈妈反而转身离开；孩子哭时，妈妈要么是把他丢在床上，要么是轻轻安抚。这些都是不同频的互动。可以想象，如果经常面对不同频的互动，孩子会感到茫然无措、慌乱，只能消极应对。他们避免表达自己的情绪，无法感受到别人的情绪，无法恰当地把情绪用于人际关系。这将对孩子一生的情感感受和表达，以及亲密关系造成困扰。虽然这种困扰后天可以被修复，但难度巨大。

家长如何能和孩子同频共振呢？这其实是个特别自然的过程。无须外部的指导或激励，双方就能注意到对方的眼神、动作，并理解对方的需求。这种默契来自亲子同频共振的互动，以及互动中家长总结出来的儿童行为模式。有几个方法，可以帮助提升这种默契：

①倾听孩子的非语言信息。孩子越小，非语言信息就越重要。孩子不会说话之前，只能依靠表情、动作、声音来表达需求。这个时候妈妈需要试着理解孩子的“婴言婴语”，去总结孩子的行为规律。比如，孩子饿的时候一般会做什么动作？是看向妈妈的胸，还是舔嘴唇？困的时候是打哈欠，还是蹬腿？

孩子即便会说话了，也不意味着他们能说出自己的感受。这时就需要家长通过他们的表情、动作和行为来判断。比如孩子从幼儿园回到家，不像往常一样兴高采烈。哪怕孩子不说，家长也能知道他今天的情绪不佳。这种对孩子非语言信息的倾听就是同频共振的基础。

②猜测。很多时候我们无法确定孩子的感受，这时就可以猜测。

有个妈妈描述过这样的场景：孩子去亲戚家做客，差点打碎杯子，亲戚开玩笑说：“你差点打碎杯子啦。”孩子什么都没说，只是故意去踢放杯子的桌子，看着那个杯子摇摇晃晃的。妈妈问他怎么了，他什么都不说。妈妈把他抱到房间说：“叔叔刚才说你，你生气了，对吗？”孩子立刻就哭了，这是孩子被妈妈猜中感受后“妈妈懂我，我很委屈”的表达。孩子哭了一会儿，平静后就再也不踢桌子了，高兴地在亲戚家玩耍。

生活中，家长可以多用猜测的方式，来替孩子说出他们不想表达或者表达不出的感受。当家长猜中的时候，孩子会用他闪着光的眼神或回应的动作告诉你“妈妈懂我”。这种共情方式也会被孩子模仿，用在和其他人的相处中。

③**留白时间。**同频共振的另一层含义是，允许孩子的情绪自然流动——给孩子一些时间去独立处理情绪。猜中孩子的感受，我们不需要做什么，给孩子留白时间，让孩子自己恢复平静就好。

2. 多和孩子谈论自己的感受

可以用“我觉得……”的句式。与孩子分享自己的感受，不仅能促进父母情绪健康的流动，还能促进孩子共情能力的发展，帮助孩子养成良好的行为习惯。例如：“我觉得很生气，因为我刚擦干净的地面，被你洒了很多颜料”，比“你知不知道我拖地多辛苦？你就不能好好使用颜料吗？”更有效。前一句表达的是我此刻的感受以及感受背后的原因，能帮助孩子共情，反思成长；后一句则是责怪、批评，易导致孩子产生抵触、抗拒心理。

家长可以放心使用“我觉得……”的句式展露自己的脆弱。不少妈妈曾经向我咨询：“我情绪崩溃、哭泣的时候，是不是最好不要让孩子看见？”她们不希望自己的这种脆弱被孩子看到，害怕孩子模仿妈妈也变得脆弱。

以上担忧没有必要。能够真实地察觉情绪，正确释放情绪，接纳自己的脆弱，这是一种勇敢的行为。事实上，波士顿大学教授布芮尼·布朗通过研究证明，真正能把幸福和不幸福的人区分开的唯一变量是，人们是否能勇敢展现自己的脆弱。收获幸福的密码在于卸下面具，让我们被看见，哪怕是最脆弱的一面。要全心去爱，尽管不能保证你的爱一定会产生好结果。

我们勇敢展露自己脆弱的一面，也是在帮助孩子建立这样的认知：任何人都有脆弱的时候，展露脆弱不可耻，我们可以接纳那个脆弱的自己，微笑面对生活。这个认知可以帮助孩子坦然接纳自己脆弱的时刻，不把脆弱视为不可战胜的洪水猛兽，而是视为成长的机会。你能坦然展示自己脆弱的时候，孩子也会学着你的样子展现和接纳真实的自己。

当然，在这些妈妈的困惑里，情绪崩溃时的调节方式确实重要。哭泣拍枕头这样的方式有效又无害，是合适的方式，可以在孩子面前展露。当情绪缓过来之后正好可以用“我觉得……”的句式帮助孩子共情，如“我刚才听到外婆生病的消息，觉得太伤心了，所以哭了。”

3. 多和孩子谈论他人的感受

用“他有什么感受呢？”的问题和“他觉得……”的句式。

生活中，孩子并不会刻意使用共情这项能力，但是在被鼓励的情况下就不一样了。在一项针对 400 个 8~13 岁儿童的试验里，荷兰乌得勒支大学副教授捷力·希尔克斯马（Jellie Sierksma）向孩子说明了一种假设情况：

如果今天是你的同学值日，他需要在放学后打扫完卫生才能离校，但是他想尽快回家，因为他妈妈病得很严重。他向你求助，请你帮忙代替值日，你会帮他吗？

一半孩子被告知，这个同学是你的朋友；另一半孩子被告知，这个同学不是你的朋友。

猜猜孩子们会怎么说？取决于友谊，对吧？被告知不是朋友的那一组，显示更不愿意提供帮助。

但是当研究者增加了一个步骤时，结果改变了。研究者让孩子们先想象那个需要帮助的同学，给他此时的难过情绪打分，然后再问：“你会帮助他吗？”

给需要帮助同学的情绪打分之后，两组孩子不再受友谊影响，在是否帮助同学的问题上显示了同等意愿。

我们可以多使用“他会有什么感受？”这个问题来帮助孩子在共情的基础上做出正确的道德判断。比如，为了第一个玩滑梯，孩子推了其他小朋友一把。这时问孩子：“那个小朋友被你推开了，他会有什么感受呢？你觉得他是高兴，还是伤心？如果是伤心，他会有多伤心？”这就比一句“推别人是不对的”更有效。这个问题能帮孩子理解，为什么推别人是不对的。紧接着一句“他觉得很难过，你需要给他道歉”也比“快去给别人道歉！”更有力量。

4. 丰富孩子的生活经历

日常生活中，我们习惯于跟与自己经历相近的人交往。共情在某种程度上会受我们经历的限制。如果我们从来没有某种经历，就很难对有过这样经历的人产生共情。同事曾经给我讲过这样一个故事。她在美国密歇根州某学校教幼儿园大班。有一次，学校组织全校学生为非洲募捐，她准备了幻灯片给大班小朋友展示非洲孩子贫困的生活——没有足够的食物、没有书、住在锥形的茅草屋里。美国小朋友虽然很好奇，但完全无法体会在这样的环境下生活是什么样的体验，自然也就对捐赠没什么热情。这时，一个跟爸爸经历过户外徒步露营的小朋友大声回应说："那个棚子像爸爸的帐篷，一点都不舒服，还有蚊子咬人。"

当儿童生活经历有限时，他们共情的能力也有限。因此，可以找机会带孩子参与多样的活动。尝试不同的体育活动，去海边清理垃圾，去敬老院帮助老人，去河里寻找小虾，来一场户外徒步，去农田里采摘水果、蔬菜，外出旅行，都是不错的选择。

当然，"经历"的欠缺依然可以通过有效引导来弥补。上面的故事里，那位老师想到，孩子最近最关心的就是万圣节装扮，女孩们都想扮成爱莎公主，男孩们最想当蜘蛛侠。于是她告诉小朋友："非洲的小朋友从来没有穿过爱莎公主的裙子，也从来没有穿过蜘蛛侠的衣服。"小朋友们忽然就能共情了，"真的吗？非洲的小朋友好可怜啊。"

5. 避免过度共情

过度共情，也称共情疲劳（empathy fatigue），即在对他人共情的前提下间接接触创伤性事件，导致其共情能力降低而出现的身心不适。

曾经有位同事托我帮忙买一款印度的抗癌药物，我尽自己所能联系到在印度出差的朋友，尝试各种方法之后发现，我无法帮助她。那时的我，为这位同事的处境感到难过。她本来有幸福美满的家庭，现在却因为买不到药而即将面对生离死别的困境。在这种强烈的情绪干扰下，我产生了深深的羞耻感，为自己的无能为力而感到羞耻。我不敢接她的电话，也没有勇气告诉她："很抱歉，我尽力了，但我还是帮不上忙。”以致不敢给她提供基本的安慰。最后，我只发了一条短信告诉她：“很抱歉。”这是过度共情下的退缩表现。

对孩子来说，过度共情的表现可能是：看到书里喜欢的角色难过，他们也会跟着难过好多天；看到好朋友受伤，他们自己也觉得很疼，反而更加不知所措，不会安慰；好朋友害怕小狗，他们也感受到这种害怕，见到小狗就躲；妈妈摔倒了，他们因为无法缓解妈妈的痛苦，会觉得自己真没用，从而产生羞耻感。

作为家长，我们需要对过度共情保持觉察。如果孩子被过度共情困扰，那么应该怎么办呢？

①不要当镜子，要当漏斗。

过度共情的人像一面镜子，能真实照出对方的全部情绪及身体反应，喜对方之喜，悲对方之悲，会因为感受到对方的强烈悲痛导致自己的皮质醇升高，身体进入应激状态。这种状态对情绪健康自然是不利的。我们应该教孩子做漏斗，全然感受并接纳对方情绪，同时让这些情绪在经过我们的身体后全部漏走。漏斗给我们创造了回应对方情绪的安全空间，让我们既能共情，又不被过度共情拖累。

②要内疚，不要羞耻。

想象这样一个场景：一个 4 岁的孩子摔倒了，膝盖被磕破了，一直流血，他疼得大哭。10 岁的哥哥在一边看着，没有上前帮忙。我们的第一反应可能是，这个哥哥太冷血了，弟弟疼成这样，他不心疼吗？完全没有共情吗？可是如果弟弟就是被哥哥不小心碰倒的呢？这个时候的他，能感受到弟弟的痛苦，但这种感受被另一种更强烈的情绪压制了——“我伤害了弟弟，我是个坏人”的羞耻感。羞耻感会让人逃避问题，退缩在“我是坏人，我没用”的低自尊状态里。

羞耻（shame），是对自我价值质疑时的感受，羞耻时的内心独白是“我没用，我很坏”。羞耻时，人们通常不能作出建设性的回应。大量研究表明，羞耻让人无助，会让人们采取冷漠或者攻击性的行为。但内疚或愧疚不会，内疚是自己做错事时的感受，内疚时的内心独白是“哎呀，这件事我做错了，怎么办？”人在内疚时，依然有能力反思自己的行为，并采取补救行动。如果此时哥哥的感受是内疚，而不是羞耻，那么哥哥就能很好地应对这场意外，安抚弟弟，或者找大人来帮忙。

我们应该鼓励孩子在共情的基础上内疚，而不是在共情的基础上羞耻。怎么做呢？**正确归因**。我们应该在日常生活中对结果做可控的归因，尽量减少对结果做不可控的归因。可控的归因，是指努力、方法、投入时间等自己可以控制的因素；不可控归因，是指能力、外部环境、运气等自己无法改变的因素。美国认知心理学家伯纳德·韦纳（Bernard Weiner）认为羞耻与不可控制特性相联系，内疚则与可控制特性相关。他发现，羞耻感通常是在行动者将失败归因于能力弱时出现，能力弱属于不可控制的原因；而内疚感是在行动者将失败归因于缺乏努力时产生，缺乏努力属于可控制的原因。

因此，我们可以多引导孩子把结果归因为可控因素。例如：

“你今天的作业全部做对了，这是因为你写作业的时候很专注（努力）。”

“你不会跳绳，那是因为你练习得少呀（投入时间），而且还没有掌握手和脚的节奏（方法）。”

“你不小心碰倒了弟弟，是因为当时没有控制住自己的跑步速度（努力），来不及躲开而撞到了弟弟。下次和弟弟玩的时候要跑慢一点呀。”

发展积极的自我评价。如果一个人对自己有积极稳定的自我评价和自尊，他就不会因为一时的错误而产生“自己没用，自己的存在没有价值”的羞耻感。

发展自我评价的方法可以参照第五章。需要注意的是，我们在教育孩子的时候，切忌给孩子贴标签。“你怎么这么笨（胆小、莽撞、懒、不自觉、不听话）啊。”“你太没用了，这么简单都不会。”“为什么别人都行，就你不行？”这三句是对自尊杀伤力最大的句子。经常听到这些话的孩子，哪怕面对一点小错误都会产生深深的羞耻感。

换成“练习了很多次还没有学会，可能是方法不对。”“不说出来就会错过这个机会。”“在马路上快跑的行为很危险。”“不收玩具下次就不能玩。”就能让孩子将关注点聚焦到自己的行为，以及行为所产生的后果上。

超超走开之后，我找到了他并问他：

“刚才的小朋友哭了，你觉得他哭的时候是什么感受？”

“她很伤心。”

“她为什么伤心呢？”

“因为我说她的画不好看。”

“你希望这个小朋友伤心吗？”

超超不说话。我继续问：“如果你花很长时间画画。这个时候别人说你的画不好看。你会有什么感受呢？”

超超说：“我会生气。”

“你希望别人说你的画不好看吗？”

“不希望，可是别人说，我也管不了呀！”

“你管不了，但是你可以对别人说‘请停下’。现在我也想对你说，‘下次请不要再说其他小朋友的画不好看了。’明白为什么吗？”

超超点了点头，说：“不能让别的小朋友哭。”

后来超超还表现出排挤同学的行为。有次活动时间，他拉着同学一起玩，小豪想加入却总被他拒绝。他还告诉其他同学，不要跟小豪玩。

我发现这一现象后，用同样的方法和超超沟通了几次。虽然每次都很艰难，但经过几次引导，超超能够试着理解其他人的感受，并在行动上做出改变。

我尊重他人的感受和意见：尊重

我小学4年级时，有一位台湾的亲戚来家里做客。他是我外婆的堂弟，我应该叫他舅公。舅公的主要目的是来看外婆，顺便看望从未见过面的我们。

舅公来到我家时，爸妈还没有下班。他就坐在床沿上，边看新闻边等。这时，我的朋友燕子来家里找我玩。燕子告诉我，现在刚好是连续剧的播放时间，让我赶快换台。我犹豫着不想换台。燕子说，反正你又不认识他，管他干什么。

于是我就跟舅公说："你看的这个太无聊了，我要换到另一个台。"

舅公和气地说："舅公第一次来新疆，想看看这边的新闻。新闻马上播完了，等播完你再换，可以吗？"

我不依不饶，提高声音："那连续剧就赶不上开头啦！"

舅公摇头叹气，说："好吧，我就看完这一段。"

我直接躺在床上，一边打滚一边嚷道："我就要现在换台。"

舅公摇了摇头，留下一句"你怎么这么没教养"就离开了。

我和燕子发出胜利的笑声，马上切换到连续剧的频道。

面对远道而来且是第一次来家做客的长辈，我当时的表现非常没有教养，更准确地说，是根本不尊重人。

尊重（respect）在韦氏词典里的定义是，一种敬佩他人能力和成就的感受或者对他人感受、想法、权利、传统的敬重。对儿童来说，尊重是一种积极对待或者揣测他人的方式，包括：认可他人作为人的价值和重要性。关怀他人，重视他人的感受、想法、权利、传统，哪怕你并不同意或不理解。要理解社交界限，平等待人，将心比心，像希望他人对待你一样去对待其他人。

学龄前儿童的尊重，指向非常具体的行为：

• 尊重他人的物品和权利。看到别人搭的积木作品，会绕开走，避免碰到；耐心等待轮到自己玩滑梯的时间。

• 维护自己和他人的权利。告诉其他小朋友不要碰倒自己的积木；告诉老师自己不能吃花生；拦住要插队的小朋友。

• 爱护物品。把读完的绘本放回书架；用完水彩笔后盖上笔帽。

到了学龄期，尊重可以更概括一些：

• 倾听他人。

• 公平地玩游戏。

• 等待轮到自己。

• 真心赞美他人。

• 使用物品后归位并清理干净。

尊重是儿童认识他人的有力工具，是开展社交活动必备的素养。尊重的反面是以自我为中心，无视他人。各种层出不穷的“熊孩子”事件折射的就是尊重缺失的后果。

不管教，孩子会走向野蛮

诺贝尔文学奖获奖作家威廉·戈尔丁在《蝇王》里写了这样一个故事：第三次世界大战爆发，一群 6~12 岁的儿童流落荒岛。岛上食物和淡水充足，呈现一派美好景象。最初孩子们还带着文明社会的印记，但很快他们发现这里没有任何制度，不管做什么都没有后果。随后，混乱和斗争层出不穷，孩子们慢慢变成嗜血的“野兽”。他们会因为一点儿小矛盾就爆发杀戮——用木棍杀死伙伴。

虽然这是一个虚构的故事，但有很强的警示意义。威廉写道：一个孩子，如果得不到及时的教育和制止，在没有制度约束、惩罚机制的情况下，很容易做出野蛮举动，生物性中的恶便倾泻而出，并产生巨大的破坏力。

尊重并不是孩子天生自带的，也不会自动发展出来。根据皮亚杰的认知发展理论，幼儿都是以自我为中心的。在7~11岁的具体运算阶段之前，孩子们一切以自我为中心，不能站在他人视角看待问题。默认世界就是围着自己转的，直到这种错误的认知被家长的回应打破。

孩子吃饭的时候不肯坐餐椅，家长坚持让孩子坐在餐椅上再提供食物，这会让他知道：必须坐在餐椅上吃饭，不遵守就会饿肚子。孩子哭着不让妈妈上班，妈妈坚定地说“再见”，然后转身离开，留孩子在家里由阿姨照看，这会让孩子知道：妈妈不可能一直陪着自己，自己要想办法适应妈妈不在的时间。孩子不想去上幼儿园，家长坚定地送园，这让孩子学会：很多事情哪怕自己不喜欢也要去做。孩子蛀牙了想吃冰激凌，家长坚决拒绝，这让孩子学会：很多愿望不会被满足。

孩子从父母的日常回应中感受到“边界”，学会规则，学会从他人的角度看待问题，这个过程是“去自我中心化”，这就是尊重的基础。有了这个“去自我中心化”后，孩子会在日常和家长的互动里学会尊重。这个学习来自家长对尊重行为的许可和夸奖，对不尊重行为的及时制止。

尊重的发展和道德感、规则感密切相关。道德感帮助孩子区分好和不好，规则感帮助孩子区分能做和不能做，而尊重是道德感和规则感良好发展的表现形式——我愿意尊重他人的感受与意见，并礼貌待人。

孩子的道德意识随着年龄的增长而发展。2岁时，孩子就开始用“好”或“不好”来评价行为。学龄前，孩子已经能说出很多道德规则，“不能插队”“不能拿别人的东西”“用完东西要收拾”“节约用纸”等。心理学领域对于道德形成的研究有不同侧重，但公认的一个观点是：儿童的道德刚开始受大人的外部约束，小学后慢慢内化为自觉的行为准则——不管是否有外人监督或权威压制，都自觉坚持做自己认为正确的事情。

小学阶段，儿童对道德的理解也更辩证。他们开始主动思考对与错，开始明白公平不是绝对的平均分配，要照顾弱势群体，某些情况下可以说善意的谎言，开始理解社会的不公，等等。这种道德发展会一直延续到成年。

什么情况会导致尊重的缺失？

一是给孩子的关注极多，过度宠溺。孩子要什么就给什么，导致孩子没有边界感，认识停留在高度“自我中心化”阶段，认为世界围着自己转，做事不顾后果。

二是给孩子的关注极少，缺少管教。也就是家长没有教过孩子什么是尊重，没有及时制止孩子的没教养行为。我在舅公面前表现出的没教养的行为就属于这种情况。当时的我其实不能理解什么是教养，因为没有人教过我。很久以后，当我自己理解了什么是尊重时，回想起来倍感内疚。

三是严厉的惩罚。研究发现，经常使用威胁、命令或体罚，孩子反倒容易破坏道德标准，并较少感到内疚。幼儿受到的威胁、暴力控制和体罚越多，越可能产生心理问题，如无法内化道德规则、抑郁、攻击、反社会行为、成绩落后、犯罪等，这一结论在多项研究中被反复验证。

四是自控能力差。从认知层面上看，孩子知道这样做是不对的，但在行为层面上不能及时抑制自己的冲动。有一次朋友带着 5 岁的孩子和我们一起去户外烧烤。看到烤架上正在烤着肉串，孩子把一整瓶水浇在烤架上。炭和肉都被毁了，整个烧烤聚会也被毁了。他看到大人铁青着脸，意识到自己犯了严重的错误，马上跑到一边说：“对不起，我不是故意的。”妈妈问他：“为什么知道不对还这么做？”他坦诚地说：“我知道这样做不对，但是没管住自己的手。”这体现了他执行功能差，自控能力欠缺，从而导致缺乏尊重。

培养尊重的几个误区

1. 以儿童为中心和纵容被混淆

有妈妈告诉我：“孩子玩的时候如果到饭点了，我不敢叫他吃饭，怕打扰他的专注力，都是等他玩完了再吃。”

还有一位妈妈说：“天热了孩子不肯穿纸尿裤，经常尿在地板上，我总是要收拾，感到很累，但是又不能强迫孩子穿纸尿裤呀，这样不尊重孩子的意愿。”

“以儿童为中心”的提倡近几年深入人心，广受追捧。我在云南从事教育公益时，去到偏远的山区，那里的学校常常刷着“为了孩子的一切，为了一切的孩子，一切为了孩子”的标语。“以儿童为中心”的本意是尊重儿童的发展规律和独立人格，采取适应儿童发展需求和个性特点的教育方法，拒绝教条刻板，拒绝强迫命令。然而，“以儿童为中心”走到另一个极端就变成了：一切顺着孩子，孩子的需求无条件、无原则满足。这时，“以儿童为中心”就变成了纵容。

研究表明，缺少纪律、方向和控制会让儿童感到不安。儿科医学博士玛丽·劳拉·尼尔（Mary Lauren Neel）最近通过一项研究表明，经常被家长纵容的学步儿，呈现内在问题（焦虑烦躁）和外在问题（破坏行为）的可能性是其他儿童的 2 倍。被纵容的孩子无法完成“去自我中心化”的过程，只能停留在“世界围着我转”的错误认知里。

家长要不忘尊重儿童的初衷，但也要警惕走向纵容的极端。上面第一个例子中，孩子需要建立稳定的一日流程，到点吃饭，到点睡觉，在稳定的一日流程里，孩子才会觉得安全。第二个例子中，是否穿纸尿裤不是一个可选项，穿纸尿裤是为了健康、卫生，不管孩子是否喜欢穿，他都应该穿。

类似的情况还有：是否上幼儿园不是一个可选项，不管孩子有多不想去，需要多久时间才能适应，他都需要去幼儿园；孩子不能想吃多少烤肠就吃多少，不管她多么想要，她也只能在每周 1~3 次之间做选择。不给孩子选择或者给孩子有限的选择也是“以儿童为中心”，是以“儿童的健康发展为中心”限制他不合理的需求。

2. 创造力和规则彼此冲突

有位朋友曾带他 4 岁和 10 岁的孩子到我家做客，进门之后两个孩子就一直在沙发上跳，大声说话，随意摆弄物品。朋友平时教育孩子非常用心，但她并没有制止孩子的行为。事后我忍不住问：“为什么当时不制止？”朋友说：“男孩子天生好动，如果我对他们限制太多，会不会妨碍他们探索？”

很多家长会有这种误区：定太多规则会限制孩子探索，阻碍他们创新。其实不是。任何探索都有这样的前提：不损害自己的安全，不打扰他人，正确使用物品。在这个前提下，探索才能深入，探索的过程才会促进孩子想象力、解决问题的能力以及创造力的发展。

规则不会限制创造力的发展，有效的规则可以帮助孩子培养创造力。比如，如果孩子不知道使用颜料的规则——穿上围裙，每次挤少量，用排笔蘸取一点颜料，使用厚的水彩纸，那最终的结果可能就是孩子把水彩弄得满桌满地，一脸挫败，弃用水彩，从而无法完成有创造力的水彩画作品。正确使用水彩的规则，可以帮助他们更好地用水彩作画。这里的规则不是限制，而是帮助孩子深入探索的铺垫。

那位朋友准备再带孩子来我家前，她告诉他们："不可以在别人家的沙发上跳，如果你想动阿姨家的东西，需要经过阿姨的许可。"小朋友们愉快地答应了。来了之后，两个精力旺盛的小家伙就像变了个人似的，坐在沙发上，问我："阿姨，我们能不能玩乌龟？"我说："不可以碰乌龟，因为乌龟会受伤。但是你们可以喂乌龟。"我教他们怎么用长长的镊子一颗一颗夹取龟粮放在乌龟的休息板上，并统计乌龟吃了多少颗龟粮。整个过程非常挑战手部的精细动作和观察能力。半个小时后，他们向我报告："这只乌龟太厉害了，吃了 19 颗龟粮。"他们没有碰乌龟，没有碰其他物品，也没有大声喧哗，反而完成了高难度的喂食和统计任务，学到了很多关于乌龟的知识，还玩得特别开心。

3. 爱孩子不等于过度付出

有妈妈提到过这么一个困境：她和爱人晚上带孩子去商场买东西，买完之后儿子发现有个游乐园，非要闹着去游乐园玩。但她已经很饿了，而且爸爸平时在外地工作，好不容易跟家人团聚一次，想先去吃饭，于是她跟孩子说："吃完饭再来玩。"可儿子就是不肯，看着游乐园里五光十色的游玩设施，双手扒着游乐园的门不肯离开。于是妈妈耐心跟孩子讲道理："我知道你想玩，我也想陪你玩，可是爸爸妈妈饿了。我们可以吃完再玩，或者明天再玩。"孩子还是不愿走，并说："你们可以买了东西在旁边，边吃边看着我玩。"怎么都说不通。最终孩子还是哭着离开了。还有其他类似的情况，比如爸爸喝酒了，妈妈要开车，孩子就不愿意，非要让爸爸开车，妈妈陪着自己，不然就哭。

最后，这位妈妈问：“有什么办法能让孩子不哭呢？”

其实这个妈妈要解决的不是怎么让孩子不哭，而是如何克服过度付出的倾向，如何坦然接受孩子的哭闹。有过度付出倾向的父母总想要满足孩子的各种需求，一旦孩子哭闹了就觉得可能是方法没用对。事实上，家长越是过度付出，孩子越容易沉迷在“自我中心化”的倾向里，因为他们习惯了被满足。家长越是希望孩子不要哭闹，孩子不合理的需求被拒绝时越容易用哭闹来宣泄，因为他们已经形成了“哭闹时可以立刻被关注”的认知。

孩子天生就是探索大人底线的专家，如果大人的底线不清晰，他们嗅到了一丝丝突破底线的可能，就一定会想尽办法冲破底线，满足自己的需求。

当双方需求发生冲突时，我们可以明确告诉孩子自己的需求是什么，先给他划清界限，在界限里让孩子选择。回到上面的两个场景，家长可以坚定地说：“我们现在需要去吃饭（说清需求），这个不能商量（划清底线），你可以选择哭闹，这样我们今天就不去游乐场了，你也可以选择先跟我们去吃饭，吃完饭再回来玩（给出选择），你选哪个（把决定权交给他）？”“妈妈要开车（说清需求），不可能陪你（划清底线），你可以选择听音乐，或者看外面的风景。”

4. 有条件的爱披上“我这是为了你好”的外衣

有条件的爱是，孩子达到了家长的期望才能获得的爱，达不到期望就要面对爱被收回的情形——家长忽视孩子或者远离孩子。爱的收回会阻碍道德的内化。如果孩子做错事家长就不搭理孩子或者不喜欢孩子，孩子就会产生强烈的羞耻感，认为“没人喜欢我”，进而为了抗拒这种羞耻而导致缺乏道德感。

有条件的爱的本质是，家长借爱之名控制孩子以满足自己的私欲。比如，自己觉得弹钢琴很重要，就要求孩子学钢琴；自己觉得孩子成绩好让自己有面子，就拼命逼孩子学习；近几年，甚至还有父母希望孩子颜值过人，要求孩子高中一毕业就去整容。这样有条件的爱培育出来的亲子关系是扭曲的，孩子没有被当成受尊重的独立的个体，也很难尊重他人。哥伦比亚大学博士沙法丽·萨巴瑞提出：父母对孩子的期望要与他们的真实身份相匹配，而不是把孩子与家长的幻想相匹配。

5. 用惩罚的方式严格要求

有个爸爸为了帮助 10 岁的儿子练习钢笔字，跟儿子约定每天练完两页纸才能吃晚饭。有一天，为了完成过多的作业，孩子还没来得及练习就到了饭点。但爸爸仍坚持，必须完成练字任务才能吃饭。最后孩子只能饿着肚子完成了练字。还有一次，放学后因为跟朋友起冲突，孩子又没来得及练字，也是饿着肚子完成了练习。这两次之后，本来对练字很有兴趣的孩子，不想再练字了。

这位爸爸的出发点是好的，但他用体罚或变相体罚的方式严格要求，结果反而适得其反。

严厉的惩罚会带来很多消极影响：

- 经常体罚的家长，孩子更容易出现攻击性行为，因为体罚就是对攻击性行为的示范。
- 被严厉管教的儿童会有长期的被胁迫感，这让儿童更多关注自己的焦虑，而不是他人的感受，共情能力也会受限。
- 用严厉惩罚来制止错误行为能让大人暂时得到解脱。但长期来看，爱惩罚的大人只能通过惩罚的层层加码才能让孩子就范，最后可能演变成虐待。
- 小时候被体罚的人，长大了也更容易沿用这种教育方式对待自己的孩子。

家长使用惩罚来严格要求孩子，很多时候是因为没有其他更好的方法。其实严格要求最好的方式就是提出期望之后正向强化，抓住孩子的态度、进步、努力，给出具体的肯定，以及改进的实用建议。这比惩罚更管用。大家可以共情一下，在收入相同的情况下，你面对两个工作环境。工作环境 A：完成不了任务就被惩罚。工作环境 B：工作上的努力和进步能受到具体的语言肯定，以及工作进阶的具体建议。你更喜欢哪个工作环境？你在哪个工作环境里更有动力？

促进道德感、尊重发展的方法

1. 行为干预循环：管教不当行为的万能公式

当孩子违反道德或者有不尊重行为时，成人需要第一时间进行干预。怎么干预呢？我结合多年教学经验和行为研究，总结出来的三步行为干预循环非常有效。

第一步，制止错误行为。

制止时常用的句式有："请停下。""这样做是没用的（不对的）。""这样会让其他人很难受。"必要时可以抓住他，扶着他的肩膀，看着他的眼睛说。等他停下错误行为，开始看着你的时候再说：

"请停下。打人是不对的。打人会让别的小朋友很生气/很难过。"（面对孩子打人的情况）

"请停下。对客人耍赖没有礼貌，会让客人觉得不舒服。"（面对孩子对着客人耍赖的情况）

第二步，教他正确行为。

错误行为停止后，紧接着就开始教正确的行为。接着上面的例子：

"请停下。打人是不对的，可以用语言解决。"（面对孩子打人的情况，对于更小的孩子，如果他只是喜欢拍打这个动作，可以说："你可以去拍皮球玩。"）

"请停下，对客人要有礼貌。你可以去玩别的，也可以看电视剧重播。"（面对孩子对着客人耍赖的情况）

在制止错误行为后，我们一定要紧接着教他正确行为。如果只说"不要这样""不要那样"，孩子只知道什么不能做，依然不知道什么能做。因此，在"不要……"之后，记得加上一句"你可以……"

第三步，强化正确行为。

每当孩子做了教过的正确行为，我们就要满足他的需求，并且用语言夸，具体地夸。比如又来客人了，孩子作出了打招呼、倒水等礼貌行为，我们就可以夸："我注意到你刚才跟叔叔问好了，叔叔悄悄地跟我说你很有礼貌。"

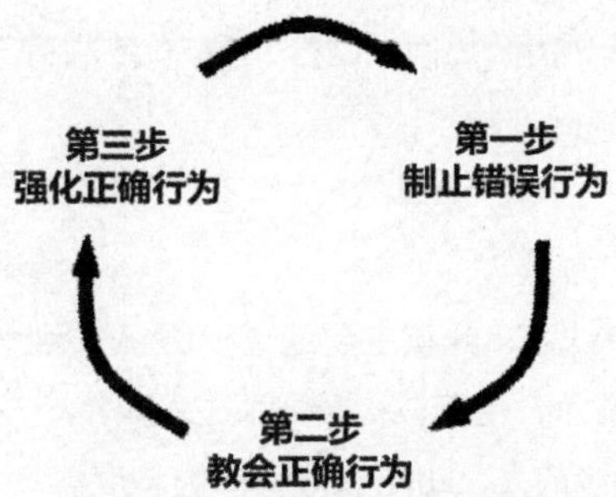

图 15　行为干预循环图

行为干预循环涉及几个心理学理论：

一是引导法（induction），指大人指出儿童的不良行为对别人的影响，使儿童察觉到别人的情绪，以促进良性行为的形成。使用这种方法，儿童会较少出现不当行为，在犯错后会承认并弥补，表现出亲善行为。行为干预循环的第一步就是典型的引导法。

二是正面强化（positive reinforcement），也叫积极的训练方式。跟孩子建立相互尊重的关系，教孩子该怎么做，表扬好的行为，这种积极的训练方式可以鼓励孩子进行好行为。行为干预循环的第二步和第三步就是正面强化。

教孩子做什么比教孩子不做什么重要得多。如果我们仅仅停留在第一步“不要打人、不要耍赖、不要大声喊叫”上，儿童大概率不会停，因为他们听不到“不要”两个字，只听到了后面的错误行为，老说“不要……”的家长无形中在反复强化错误行为。说完“不要……”之后的“要……”，才是帮助孩子学会尊重的关键。需要注意的是，不管是引导法还是正面强化，都需要符合儿童的理解能力，否则儿童无法理解。

有位妈妈曾描述过这样两个场景：2 岁 7 个月的宝宝吹泡泡，泡泡棒还没沾上泡泡水他就开始吹，因为吹不出泡泡很受挫，于是他就把泡泡棒扔到了地上，倒掉了泡泡水。妈妈制止之后说：“你这样吹不出泡泡，要讲究方法才行。”这里的正面强化就无效。因为这句话已经超出这个年龄段孩子的理解力，他理解不了“要讲究方法”。最后妈妈直接上手示范，边做边说：“看，用泡泡棒沾一下泡泡水，就吹出来了。”孩子很容易就理解了。

2. 言传身教的力量

社会学习理论认为，儿童主要通过模仿——观察并效仿别人的好行为——学会好行为。儿童喜欢模仿哪些人呢？

温情并及时回应的人。幼儿更喜欢模仿态度温和、及时回应的人，而不是冷漠、疏远的大人。

有能力的人。儿童崇拜并模仿那些有能力的榜样，比如女孩喜欢模仿爱莎公主，男孩喜欢模仿蜘蛛侠。

言行一致的人。如果榜样的言行不一致，那么儿童会选择模仿榜样的实际行为，而不是榜样口中说的行为。如果大人说“帮助别人很重要”，但实际上很少助人，那么孩子也不会真的去帮助人。

简而言之，儿童喜欢模仿自己喜欢的大人，比如家长、老师。帮助孩子学会尊重的最好办法就是用尊重的方式对待孩子和其他人。孩子会自然“活体打印”家长的言行。当然前提是，做到温柔、及时回应孩子、言行一致，这样孩子才愿意模仿。

幼儿园放学后，很多家长会在接孩子的时候带着零食。一个妈妈忘带零食了，孩子冲着妈妈翻了翻白眼，撇着嘴说：“你没脑子嘛！”此时，只见妈妈做了个深呼吸，然后蹲下来，直视着孩子的眼睛，平静地说：“不好意思，我忘记了。我知道你饿了。但你听到你刚才说话的语气了吗？你的话让我觉得非常糟糕，让我不想再帮你做任何事情。”孩子听到之后低下了头。妈妈继续说：“我希望你跟我道歉。”孩子马上说：“妈妈，对不起。”

另一位妈妈也忘带了，她的孩子说：“笨死了！”妈妈当场被激怒，大声斥责孩子：“哪有你这样说话的！小小年纪这么没有礼貌！我天天又要上班，又要接你，跑来跑去容易嘛！你知不知道我也很饿。我就只是一次忘记带零食了，你就这么骂妈妈！我以后都不给你带了，看你怎么办！”孩子表情惊慌，不知所措地看着妈妈，默默地掉眼泪。妈妈还在气头上，继续说：“你还好意思哭，明明是你自己不对！”孩子伸手去拉妈妈，却被妈妈甩开了，孩子终于忍不住，放声大哭起来。

面对同样的情形，不同家长做出了不同的反应：一个以尊重的方式回应孩子不尊重人的行为，做出了良好的榜样示范；另一个则情绪激动，给孩子带去消极的情绪影响。以平静的口吻引发孩子共情内疚（正向引导），对不尊重的行为说“不”，然后为孩子做尊重他人的示范，这样才能让孩子学会尊重。

3. 做错事就要付出代价：采取合理后果

孩子出现不尊重行为时，如何能在不使用惩罚的情况下，让他们学会尊重呢？一个方法是，使用合理的后果让孩子付出代价。

合理后果指的是自然后果或符合逻辑的后果，例如：

“曼曼没戴手套就跑到冰天雪地的户外玩耍，手被冻僵了，她回屋后难受了好久。”这是自然的后果。

“子睿不小心把辰辰的胳膊撞青了，所以他要帮辰辰在胳膊上敷冰袋。”这是符合逻辑的后果。

可如果变成这样：

“曼曼没戴手套就跑到冰天雪地的户外玩耍，妈妈觉得她太不听话了，所以不准她玩玩具。”不能玩玩具，不是不戴手套的自然后果，和戴手套也没有逻辑联系。这就变成了惩罚。

“子睿不小心把辰辰的胳膊撞青了，于是妈妈罚子睿在墙边站 10 分钟。”罚站 10 分钟和把辰辰的胳膊撞青之间没有逻辑联系，所以变成了惩罚。

自然或符合逻辑的后果，可以帮助孩子反思自己的行为，并内化成道德与规则。如果下次再遇到类似情况，他们也会自发管理自己的行为，避免相应的后果。

惩罚则是强加在儿童身上的后果，无法让孩子理解、认可。惩罚在刚开始时可能会防止一些错误发生，但孩子压制下去的情绪和错误认知会通过其他方式表现出来。

例如：约好看电影，因为孩子磨磨蹭蹭，推迟了出门时间，赶不上电影开始了。这种情况下，自然且符合逻辑的后果就是退票取消，不看了。任凭孩子怎么哭闹，温柔而坚定地告诉孩子：“我知道你特别想看这部电影，但我催促过你很多次要赶紧出门，你一直磨蹭，现在错过了电影时间，我也很失望。没办法，今天电影看不了了。”

面对孩子的错误行为，如果觉得一时想不到合理后果，可以采用以下通用的合理后果。

暂停（time out），指的是儿童在行为失控时，带他离开当时的情境，暂停所有活动，恢复平静，当他们愿意表现出恰当行为时再开展活动。比如孩子被拒绝去游乐场之后，当场号啕大哭，满地打滚。可以快速抱孩子离开游乐场区域，到一个安静的角落，告诉他，我们先暂停，等你恢复平静了，我们再商量接下来做什么。或者孩子开始不受控制地到处扔东西、砸东西，立刻环抱住孩子，用双臂控制孩子的行动，防止他继续做出破坏行为，直到他恢复冷静。孩子玩滑梯推了别人，导致对方摔倒，马上“time out”，道歉，并暂停玩耍 10 分钟，直到反思清楚了自己的行为，才可以继续玩。

暂停有重要作用，一是为生气的家长提供冷静时间，二是让孩子有时间改变行为。孩子行为失控时，他们前额叶的控制功能暂时失效，暂停相当于使用了一个外力来控制他们的行动，让他们能够重启前额叶的理智脑。

取消特权。孩子确实犯错了，家长希望教训孩子，可以取消孩子的特权，比如屏幕使用时间取消半小时，玩具禁用一天，等等。

最后，有一段我与小鲤鱼对话的例子。

小鲤鱼 5 岁，盼盼 6 岁。有一天我进教室时，盼盼正在大哭，小鲤鱼正被生活老师批评，在这个过程中，小鲤鱼还当着老师的面推翻了椅子。在其他老师安抚盼盼时，我拉着小鲤鱼走出了教室。我给他搬了凳子，请他坐下，我也坐了下来，我们互视着。这已经不是小鲤鱼第一次冒犯其他小朋友了，当与其他小朋友发生冲突时，他总会沉默或跑开，今天我决定一定要弄清他是怎么想的。而我当时又没有看到发生了什么，所以我需要先和小鲤鱼沟通，弄清楚原委。

我："盼盼哭了你很高兴吗？"

小鲤鱼："没有。"

我："那盼盼哭了你有什么感受？"

沉默。

我："是不想告诉老师，还是说不出来？"

小鲤鱼："说不出来。"

我："盼盼为什么哭啊？老师当时不知道发生了什么，请你告诉老师。"

小鲤鱼："球砸了……"

我："你用球砸了盼盼吗？"

小鲤鱼："不是，球砸了墙。"

我："球砸了墙，盼盼为什么哭啊？"

小鲤鱼："不是，是积木。球砸了积木。"

我："哦，你用球砸了盼盼搭的积木墙，盼盼伤心得哭了？"

小鲤鱼点点头。

我："你为什么用球砸盼盼的积木墙？"

沉默。

我："是不知道为什么，还是说不出来？"

小鲤鱼："说不出来。"

我："你是不小心砸的吗？"

小鲤鱼摇摇头。

我："你是故意砸的啊？为什么要故意砸呀？"

小鲤鱼一直抿嘴，不说话。

我："你告诉老师，老师才能帮你啊。那我来猜一猜吧，是不是盼盼拿了你的东西，你故意用球砸他？"

小鲤鱼摇头："不是。他老说我。"

我："他说你什么呀？"

小鲤鱼："说我讨厌。"

我："所以盼盼说你讨厌，你心里不舒服，就故意用球砸了盼盼的积木墙，是吗？"

小鲤鱼点了点头。

我："那现在盼盼哭得很伤心，你看到他这么伤心，高兴吗？"

小鲤鱼摇摇头。

我："那下次盼盼再说你讨厌的时候，你应该怎么办呢？"

小鲤鱼："不知道。"

我："你应该直接告诉盼盼，不要这么说。盼盼可能不知道他说的话你不喜欢。"

小鲤鱼点了点头。

我："我们现在进去跟盼盼说清楚，好不好？"

小鲤鱼："好。"

我拉着小鲤鱼走进了教室。

小鲤鱼跟盼盼说："你每次说我讨厌，我不喜欢，所以才砸你的积木。"

盼盼听到后，居然笑了，害羞地说："我知道了，我以后不说了。"

小鲤鱼也抿着嘴笑了。

最后我和小鲤鱼在现场玩起了角色扮演，我对着小鲤鱼说："我讨厌你。"小鲤鱼马上回应："不要这么说，我不喜欢。"我马上说："对不起，那我下次不说了。"同时冲小鲤鱼竖起大拇指。

7

社交技能：帮助孩子做社交“达人”

我能化解冲突：冲突处理

5岁的石头喜欢玩积木。当他进入积木区时，发现已经有两个小伙伴在玩了，他想加入，对方说："不行，只有我们能玩。"石头拿起了一块积木，立马就被抢走了，其中一个孩子说："不行，我们搭房子要用，所有的积木我们都要用，你去玩别的。"石头气呼呼地走到教室中间，然后坐在地上，噘着嘴，开始默默掉眼泪。之后他拒绝去上音乐课，被老师批评了。

到了下午，石头发现上午拒绝他的小朋友正在挤颜料，于是他故意碰了那个小朋友，小朋友的作品被弄脏了，立马哭了。于是石头又被老师单独教育了。整个小组活动中，其他小朋友都完成了作品，只有石头没完成。因为石头这一天，都消耗在处理和他人的冲突上。

晚饭前，7岁的悠悠一个人在小区的活动区玩滑梯，这是她每天最开心的时候。这时，来了两个个子比她高的女生，她们手牵着手，对悠悠说："你让开，我们要玩。"悠悠不敢说话，乖乖让开了，在旁边等着再次轮到自己。可那两个女生一直在轮流玩，根本没注意到旁边的悠悠，悠悠也不敢上去和她们说。直到妈妈下楼叫悠悠吃饭。悠悠拒绝回家，妈妈说："可以明天再玩，不然饭就凉了。"悠悠委屈地哭了。这天晚上悠悠的安排被全部打乱了，手工草草收尾，绘本也没来得及看。

笑笑10岁，一天放学后她告诉奶奶："今天下午，我的鼻子被同学打流血了。"奶奶马上打电话通知妈妈，妈妈找老师了解情况。老师说：“笑笑跟小乐追着玩儿的时候，踢了小乐，又压在她身上，小乐反抗时不小心打到了笑笑的鼻子。刚开始也没流血，后来笑笑跟其他女生玩的时候就流鼻血了。”

妈妈回家之后向笑笑询问经过，笑笑说的却是另一种场景：体育课的时候，大家在追着玩儿，笑笑不小心碰了一下小乐，小乐就一拳打到了她的鼻子，血流不止。其他人都没看到笑笑流鼻血，笑笑也不想跟老师说，因为她觉得“老师最近老说我调皮，老找我事儿，对我有意见”。

奶奶气得不行，一直对妈妈说：“看能不能联系到小乐的父母，笑笑流了好多鼻血。而且他一年级的时候就打过笑笑，为什么老欺负笑笑呢？”妈妈说：“我联系不上小乐家长，老师也处理过了。”奶奶说：“我想去找小乐问问，他不能这样子，打得笑笑流那么多血，一个星期也恢复不了。”最后爸爸也参与了讨论。

那一周，每天晚上家里都在谈论笑笑被打的事。而笑笑在家的锻炼、练字、写作业节奏都被打乱了，学习效率明显降低。这件事也暴露出笑笑跟老师之间关系紧张的问题，妈妈经常担心笑笑会被老师区别对待，但也想不出具体办法，莫名焦虑。

三个家庭，三场冲突，三个不同成长阶段的孩子。这些家长都面临同一个问题——当孩子与他人发生冲突时，如何帮他们学会处理冲突。

对于 0~12 岁的儿童来说，处理冲突是一件有挑战的事，教会孩子处理冲突对家长来说同样有挑战。一旦孩子学会了如何有效应对冲突，他们将一生获益。根据皮尔逊教育网站调研，学会处理冲突能带来以下好处：

- 更理解自己，建立自己的价值观。
- 通过更好地表达自己，展现自己，建立自信。
- 发展良好的沟通和谈判技能。
- 优雅地接受批评，并对不同观点持开放态度。
- 学会什么时候维护自己的价值，什么时候修正自己的价值。

- 明智地选择战斗。
- 不管是否同意，尊重他人的观点。
- 通过发掘彼此的共同点加强关系。

应对冲突的有效方法

3 岁以前，孩子尚不能独立解决冲突，这时需要家长示范、指导、代办。对于 3~12 岁儿童，学习处理冲突有以下基本原则、步骤和方法。

1. 基本原则：事前演练，当场示范，事后反思

冲突发生得突然，很多时候当家长知情时，冲突事件已经成为过去时，这时我们能做的就是带着孩子做事后反思，即下次遇到这种情况时该怎么做。然后跟孩子进行角色扮演，演练一下，为下次有效处理类似冲突做好准备。

当冲突发生时，如果孩子求助了，可以示范给孩子看此时应该如何化解冲突，或者教孩子化解冲突的具体办法。如果孩子没有求助，则要给孩子机会让他自己化解冲突，即使无法化解，也可以事后反思。在不涉及人身安全的条件下，不建议家长打断孩子的冲突化解。

2. 基本步骤：STEP

①叫停（stop）。当冲突发生时，引导孩子想象他面前有一个红色信号灯，提示暂停，以此帮助孩子从争吵或情绪里走出来，待平复后，进入下一步。

②头脑风暴（think or brainstorm）。跟孩子展开头脑风暴，想一想有哪些解决办法。

③探索协商（explore and negotiate）。探索解决办法可能会带来的后果。如果这个后果涉及对方，那么对方可能同意，也可能不同意，这时就需要和有冲突的对方进行谈判。

④选择（pick up the best solution）。谈判之后，每一个解决办法所带来的后果，就变得清晰明了，这个时候需要选择对自己最有利的一种。

以上四个步骤按照英文首字母缩写，可以被叫作 STEP——正好是“步骤”的英文单词。

3. 应对方法：冲突解决轮盘

对于 3~12 岁儿童，冲突解决轮盘概括的方法，可以有效化解绝大多数冲突。我们可以把这个轮盘贴在家里，事后反思时，借助轮盘进行头脑风暴，并讨论每一种方法可能导致的结果。

图 16　冲突解决轮盘

方法 1：喊出“请停下”。

当孩子被欺负，比如玩具被抢了、被人打了时，最有效的应对方式就是，鼓励孩子立即喊出“请停下”。原因有三：一是这三个字能威慑对方；二是孩子之间的冲突多数情况下是无心之举，这三个字通常能制止对方的欺负行为；三是这三个字能避免孩子打回去，进而导致冲突升级。

方法 2：转身离开。

如果孩子喊了“请停下”，对方还是不住手，该怎么办呢？最好的是转身离开。有人可能会说：被欺负就这么离开，多窝囊啊！通常情况下，窝囊是大人视角下的感受。如果大人不向孩子传达“转身离开 = 窝囊”，孩子就不会觉得窝囊。转身离开是一种明智的举动。他可以把时间用在快乐玩耍，而不是跟人纠缠上。

方法 3：说出自己的感受。

说出自己的感受，可以让对方意识到自己的行为给他人带来了影响，可以唤起对方共情。孩子 3 岁或 4 岁时，可以使用简单的“我觉得……”的句式，陈述自己的感受。5 岁以后可以考虑用更复杂的句式：“你……的时候，我觉得……”“因为……，我希望你……”例如：

“你拿走我的积木，我很生气，我希望你还给我。”

“你把颜料滴到我的画上了，我很难过。这是我画了很久打算送给妈妈的生日礼物。我希望你用纸巾把颜料吸掉。”

方法 4：道歉。

如果孩子被打、被推、被欺负，孩子特别不甘心，该怎么办呢？教孩子对欺负者说“请道歉”。一方面，这能让欺负者意识到，他需要为自己错误的行为承担后果；另一方面，也能让孩子得到应有的尊重。

如果孩子冒犯了别人，且冒犯动作已经完成，这个时候要教孩子说“对不起”。这样做，一是让孩子为自己的行为承担合理的后果，避免他再次做出类似举动；二是被欺负的孩子得到道歉和尊重之后，他们也会很快和好如初。

方法 5：换个活动。

如果孩子一起玩的请求被拒绝，可以换个活动。换个活动在发展孩子灵活性的同时，也能避免不必要的冲突，更避免孩子“一根筋”地盯着别人手里的东西。

方法 6：做交易。

交易的前提是双赢思维。孩子可以跳出既定的“我想要”思路，从全盘考虑到每个人，想一想是不是有更好的玩法，让大家都能玩得更开心；自己是不是有什么好玩的东西可以和对方交换。如果孩子在已有游戏上加入新元素，或者提议大家都能参与的新游戏，或者拿自己手里好玩的东西来交换，这样考虑到对方需求的提议都能顺利达成一致。

方法 7：忽略冲突。

孩子间的很多冒犯行为大多时候是无心之举。如果不严重，且非故意，那么可以学习忽略这样的冒犯。比如被踩到脚、被碰到。忽略冲突同样可以避免孩子产生过激反应，导致冲突升级。

方法 8：轮流分享。

如果孩子想玩对方手里的东西，或者对方想要孩子手里的东西，可以提议每人玩 5 分钟。这样一来双方都有的玩，避免争执，而且避免了对方霸占着东西不放。

正确分享：防止冲突发生

冲突发生之后，要学会正确化解冲突，而化解冲突最好的解决方法是，防止冲突的发生。正确分享是有效的冲突抑制剂。儿童的社交冲突主要来自争抢资源（包括玩具或者公共设施），比如别人抢自己的玩具，霸占公共资源，或自己抢别人的玩具，不让别人用公共资源。学会正确分享之后，争抢资源的行为会大大降低，冲突也会大大减少。正确分享包括两层含义：一是自己的资源愿意分享给别人；二是自己想获得别人的资源，知道用正确的方式请别人分享给自己。

以下几个方法，可以帮助孩子学会正确分享：

1. 鼓励分享，但不强制

把自己的东西分享给别人，要做到鼓励分享，但不能强制。

美国权威育儿网站 zerotothree 在一项全美家长调查中发现，43% 的家长认为孩子 2 岁之前应该学会分享，而事实上孩子直到 3 岁半到 4 岁才学会分享。学习分享并不容易，如果期望合理且方法得当，孩子最终能学会自愿主动分享个人物品，并减少冲突。

3 岁之前儿童的自我意识还在发展中。他们正在学习自己是独立的个体——很大程度上通过归属权来建立自我意识“我有故我在”。同时，“自我中心化”的孩子还会觉得“所见即所有”——我看到的东西都是我的。所以，如果看到一个 2 岁的学步儿抱着爸爸的平板非说是自己的，那不是自私，可能就是他在证明自己是个独立个体。所以让 3 岁之前的孩子分享是很难的。

3 岁前孩子的时间观念也很弱。对他们来说，现在拿走一样东西就是永远拿走。他们想要的东西都是“现在，立刻，马上”，他们还不太能理解“等一会儿就还给你”的意思。所以让 3 岁以下的小朋友学会轮流的概念也很费力。一般来说，3 岁之前的孩子如果不是霸占公共物品，可以不强迫他们分享。

3~6 岁，随着孩子进入幼儿园，过上了集体生活，他们的社交范围扩大，自控能力也得到了增强。他们需要学会分享和轮流。这时的分享和轮流以外部诱因为主，即在大人的示范引导鼓励下，做出轮流分享的举动。同时他们也能在外部诱导的分享行为中体会到分享给他们带来的好处。比如把兔子玩偶跟朋友分享之后，一起玩过家家，挖兔子洞，这比一个人更好玩，所以下次他还会分享。如果以上两个阶段发展得顺利，6 岁以后的孩子就可以自发地分享自己的一些私人物品了。

2. 教孩子说出“能给我玩一下吗？”

关于怎么请别人分享给自己，可以教孩子说“能给我玩一下吗？”

如果孩子想玩别人的玩具，又不知道怎么表达，很可能出现“抢”别人玩具的行为。这时，如果处理不当，其他小朋友很快就不愿意和自家孩子玩了，而且孩子很难发展出道德感和规则感。孩子想要别人手里的玩具，可以教孩子用正确的方式去争取，可以说出“你能给我玩一下吗”，用语言去实现需求。如果孩子被拒绝后失望挫败，可以引导孩子用情绪管理法调节情绪。

3. 尊重孩子的私人物品

分享的基础是物权意识。孩子清晰地知道了每件物品的归属——这是我的，这是你的，这是大家的，才有分享的意识。对于孩子的私人物品，我们要把是否分享的决定权交给孩子。不管孩子多大了，对于明确属于孩子的私人物品，我们都应该坚定地告诉孩子：“如果你分享了，你的朋友会很高兴，我也会很高兴。但这是你的东西，应该由你来决定是否分享。”

当孩子体会到分享的好处之后，他自然愿意主动分享。只有这种自发的分享才能内化为习惯。在家长强制下开展的分享行为不具有可持续性，而且可能因为家长的强制，导致孩子对分享产生抵触。这个时候，家长可以先放下“孩子表现自私，真丢人”的面子问题，发展孩子的物权意识和共情。

会不会有一种情况是孩子就是不愿意分享？会啊。不仅孩子会，大人也会。我一个朋友从不向外借笔，因为他有收集笔的习惯，每一支笔都是他的藏品，对他有特别意义。对我们有特别意义的物品或者价值重大的物品，比如收藏的笔、手机、车等，我们是不会分享外借的。孩子也有属于他们的“特别物品”，有可能是他们的安抚玩具，也可能是爸爸送的乐高套装。这样的物品，孩子不愿意分享，完全可以理解。

4. 正向强化优于负向批评

对于分享，家长示范分享的好处，肯定孩子为分享作出的努力，夸奖分享行为，这种正向强化的效果远远好于批评孩子不分享的行为。

我们希望看到孩子分享，但不能强迫孩子自愿分享。所以我们能做的就是，耐心地一遍遍示范、引导、夸赞、邀请，直到孩子有一天忽然体会到分享的好处。

“我看到玲玲今天把她的变声鸭分享给其他小朋友玩，其他小朋友可高兴了。玲玲真好，我也想和玲玲做好朋友。”

“你想用妈妈的口红吗？这是妈妈的，妈妈愿意分享给你用一下，看到你高兴，我也很高兴。不过你只能在嘴巴上涂哦。”

“我看你今天犹豫了很久要不要分享自己的 3D 打印笔，最后让其他小朋友快快地用了一下。进步很大啊。上次你都不让别人碰的。”

5. 制止霸占公共物品的行为

如果孩子霸占公共物品不放手，需要立刻制止。孩子的私人物品，我们不强迫孩子分享。但是公共物品不属于孩子，孩子也不能因为自己想玩，就一直占着，这涉及边界——公共物品必须和所有人共享。

孩子可能会在被制止后哭闹、发脾气，但他们最终能平静下来，并学会保持边界。而不制止，他们永远无法从“自我中心化”的认知里走出来，会在以后的社交活动中面对更多冲突。

前面三场冲突发生后，我和孩子或孩子家长进行了沟通，通过冲突解决轮盘收到了很好的效果反馈。

我带着石头走到一个安静的角落，做了一次复盘。

我：“我知道你今天不高兴，老师想帮帮你，让你下次也能玩到自己想玩的玩具。”

石头点了点头，不再扭来扭去、眼神躲闪，他放下了戒备，开始听我说。

我：“你想玩积木，但是他们两个不让你玩。你很生气，所以坐在教室中间开始哭鼻子。”

被我说中感受，石头开始掉眼泪：“他们欺负我。”

我：“他们做得不对，老师会去教育他们。现在老师先帮你。如果下次，他们不让你玩积木，你应该怎么办？”

石头一脸茫然，我指了指墙上的冲突解决轮盘。

石头马上说：“我应该暂停，然后想办法。”

我：“那你觉得你可以用哪些方法？需要的话，你可以看着冲突解决轮盘回答。”

石头看着墙上的冲突解决轮盘，想了一会儿，说：“我可以说出感受。”

我竖起大拇指：“这个方法很好呀。那假设我是两个小朋友，不让你玩积木，你要怎么说出感受呢？”

石头：“我太生气了。我希望我们一起玩。老师说过要分享。”

我：“说得很好。如果你这样说了，他们还是不听呢？”

石头："我就去告诉老师。"

我："对呀。你可以告诉老师呀。但是你没有告诉老师，而是一个人坐在教室中间哭。老师不知道发生了什么，也不知道该怎么帮你。如果你需要老师的帮助，你一定要说出来。"

石头点了点头。

我："老师再教你一个办法。你可以跟他们做交易。如果你想个办法，让搭房子变得更有意思，他们肯定愿意和你玩。你最熟悉班里的材料了，有没有什么材料能让搭房子更有意思呢？"

石头马上走到柜子旁边拿出维修工具包，说："老师，这里有锤子、起子、螺丝。他们的房子肯定要修理，我可以拿这个跟他们一起玩。"

过了一段时间，同样的场景，石头又被拒绝加入搭积木。他马上拿出维修套装说："我给你们维修工具，你们让我玩积木。我们一起搭房子吧。"两个小朋友同意了。他们在一起不仅搭了房子，还给房子修了个停车场，石头还找来了辆玩具小车，停在停车场。

了解了若干应对冲突的策略后，悠悠妈妈找个彼此放松的时间，邀请悠悠复盘滑梯事件。

妈妈："那天你不肯回家吃晚饭，是因为没玩够滑梯，你想再玩一会儿，但那两个姐姐又不给你玩，你很委屈，对吗？"

悠悠点了点头。

妈妈："如果下次再遇到这种情况，你该怎么办？"

悠悠摇了摇头，然后说："妈妈在就好了。"

妈妈："可是妈妈不可能一直在你身边帮你呀。不过妈妈可以教你方法，这样你一个人也知道下次该怎么办了。"

妈妈拿出冲突解决轮盘，指着轮盘，告诉悠悠："你特别想玩滑梯，但两个姐姐不一定知道你想玩，这时你需要说出你的感受和需要。不然两个姐姐根本不知道。"

悠悠："可是我怕。"

妈妈："你是怕两个姐姐不听你的吗？"

悠悠用手使劲搓着自己的衣角，点点头又摇摇头，不说话。

妈妈：“你怕姐姐不听你的，又觉得自己不应该害怕，不知道该怎么办，是吗？”

悠悠使劲地点着头。

妈妈：“如果两个姐姐不听你的，你可以换另外一个方法。就是做交易。如果你能想到什么办法，让你们三个人都玩得高兴，姐姐们肯定愿意和你玩。如果我是你，我会邀请两个姐姐跟我一起玩滑梯传情报，我想一个情报传给下一个人，最后看能不能传对，这个游戏人多了才好玩。”

悠悠看着妈妈，想了一会儿，赞同地点了点头。

妈妈：“那假设现在我正在玩滑梯，你也想玩，你会怎么说？”

悠悠：“刚才是我在玩的，我还没玩够，我也想玩滑梯。”

妈妈：“好吧，那我们一起玩，好不好？你排我后面滑。”

悠悠：“好。”

假装玩了几轮后，妈妈说：“我的朋友来找我了，我想和我的朋友一起玩，该我和我朋友玩了。”

悠悠什么都没说，走开了。

妈妈问悠悠：“你玩够了吗？”

悠悠摇了摇头。

妈妈：“没玩够为什么走开呢？”

悠悠：“还是算了吧，太麻烦了。”

妈妈：“走开也是一种解决办法。你不会感到很委屈吗？你可以选择走开，但是选择走开之后，依然要遵守我们吃饭的时间。”

悠悠看着妈妈，愣了一会儿，没有反对，也没有赞同。

妈妈觉得这次沟通效果已经很好了，毕竟习惯躲避的悠悠，不会一下子就变得独当一面。于是妈妈夸悠悠刚才在角色扮演里表现得很棒，带她去超市了。后来妈妈又抓住几次机会，跟悠悠做了演练和复盘，有时还会拉着爸爸一起做。

一天晚上，妈妈陪着悠悠在楼下玩滑梯，又遇见了来玩滑梯的那两个姐姐。悠悠看了看妈妈，用眼神向妈妈求助，见妈妈没反应，乖乖让开了。不久，悠悠跑回妈妈身边，拿着自己的魔法棒，跑去跟两个姐姐说：“我们玩魔法棒接龙吧。我滑下来把魔法棒传给下面等着的人。”两个姐姐看到悠悠手里的魔法棒，同意了。悠悠用“做交易”的方法让每个人都玩得很高兴。

晚上妈妈问悠悠：“你怎么想到‘魔法棒接龙’这个好办法的？”

悠悠说：“我们这段时间体育课就在玩接龙游戏啊。”

妈妈开心地说：“把学校的游戏带回家，不仅让你玩上了滑梯，还让你交到了新朋友，太厉害了吧！”

悠悠一脸自豪：“就是。两个姐姐说下次她们也要带公仔来玩滑梯。”

笑笑妈妈向我求助之后，决定把注意力放在笑笑身上，她相信只要笑笑学会勇敢解决冲突，而不是摆出受害者的心态，等奶奶看到孙女的进步，自然就不再纠结是否要亲自下场教育欺负了笑笑的小朋友。

妈妈和笑笑一直都有非常高效的亲子沟通，于是妈妈决定直切主题：“你流鼻血妈妈很心疼，妈妈希望帮你防止这种事情再次发生。你说当时你在体育课上碰了小乐，小乐才打了你，对吗？”

笑笑：“对啊，但是当时是体育课，大家都在跑，很容易就碰到了。而且我没有跟小乐玩，他就这样打我，他一年级时就打过我，他凭什么打我啊？”

妈妈：“确实是这样。这件事情不怪你。我们都想尽量保护好你，可是我们不可能一直陪在你身边。你觉得怎样才能防止再次被小乐打？”

笑笑：“我就不理他呗，离他远一点。”

妈妈：“如果还是发生了意外的冲突呢？就像这次流鼻血一样，怎么办？”

笑笑：“我知道应该跟老师说，但是老师最近老找我的事，对我有意见。我说了也没用。”

妈妈：“什么叫说了也没用？”

笑笑：“老师不会相信我，就算老师相信我，她也不会批评小乐。”

妈妈：“老师最近确实批评了你好几次，那是因为你有做得不对的地方，老师批评你是希望帮你改正，而不是针对你这个人。被打以后，需要第一时间告诉老师，这样老师才能及时帮你。老师相不相信你是老师的选择，但是否告诉老师是你的选择。”

笑笑：“我说了，老师也不会批评小乐。”

妈妈：“是否批评小乐也是老师的选择，老师有自己的判断。你告诉老师发生了什么事，老师才能更好地作出判断。”

笑笑：“那我下次告诉老师。”

妈妈：“是的，流很多血的情况下一定要第一时间告诉老师。除了离小乐远点，你还希望小乐做什么呢？”

笑笑：“我希望他道歉。”

妈妈：“那你可以跟他说，告诉他‘请道歉’。就像冲突解决轮盘里说的，要求对方道歉。”

笑笑：“我说了小乐也不会道歉。”

妈妈：“你怎么知道小乐不会道歉？”

笑笑：“上次小乐碰到我，我让他道歉，他都没有道歉。小乐就是不讲道理。而且他一年级就打过我，他就是故意欺负我。”

妈妈：“那你都知道小乐不会道歉，为什么还希望他道歉呢？”

笑笑不说话了。过了一会儿才说：“那他打了我，就白打了？又不道歉，也没人批评他？”

妈妈：“小乐还在学习怎么礼貌待人。这个世界上很多人都在学习怎么礼貌待人。我们管不了别人，只能管好自己。妈妈上班的时候也要学会面对很多没有礼貌的人。你还希望小乐做什么吗？”

笑笑：“不希望了。我躲着他就行了。”

妈妈：“那你还希望老师做什么吗？”

笑笑：“也不希望了。老师估计都忘记这件事了。下次我需要帮助的时候再找老师吧。”

妈妈能感到笑笑还有点难过，但至少这次对话帮笑笑学会专注于自己能控制的方面，也初步打消了笑笑和老师之间的隔阂。妈妈决定给笑笑时间，不再过多干预。

当笑笑放弃让小乐道歉的想法后，也不再鼓动奶奶去找小乐给自己道歉了，奶奶也就不再纠结于此。

我乐于助人：亲社会行为

轩轩马上6岁了。作为班里最大的孩子，他特别想要证明自己已经成为大哥哥了，又不确定该怎么做。

他非常希望得到老师的关注，于是会故意说反话或违反规定引起老师的注意。老师说“小眼睛”，他故意说“不看老师”。（正确口号应该是“小眼睛——看老师”）当老师把目光投向他时，他又马上说“老师，对不起，我说错了”。他会故意在老师上课的时候做鬼脸，然后拿眼睛悄悄地看老师的反应。

他也不能管理好自己的情绪，会在收到站到队伍最后或暂停5分钟的后果时，激动得大叫，通过攥紧拳头来缓解自己的情绪。

他在和自己的情绪作斗争以及当大哥哥的挫败中撑到了放学，最后在排队等妈妈来接他的时候，又因为一点小事爆发，攻击周围小朋友。

后来，轩轩的这种挫败发生了转机。有一次小朋友们正在收拾物品，眼看要错过下一节美术课了，轩轩收完自己的磁片区之后，快速帮其他小朋友把积木、娃娃家、灯光区的物品归位，大家最终按时赶上了美术课。老师表扬了他。在这之后，在收拾物品环节，他坚持把物品按照自己的标准收拾，哪怕老师已经带着其他小朋友离开了，只有他一个人在原地收拾，甚至忘记了接下来就是他最爱的户外活动。

小朋友们也都知道了轩轩是个收拾达人，不会收拾或者收得慢的小朋友都会找轩轩帮忙。轩轩从帮助他人的过程中获得了巨大的成就感和满足感。其他“用力过猛”的求关注行为大大减少了。

有一段时间，班里开展皮影戏剧场项目。轩轩担任剧场保安的工作。其他小朋友也想当保安，并要求轩轩轮流，但轩轩不同意，双方僵持不下，眼看就要演变成一场群体冲突事件了。这时，轩轩大声说：“你们听我说，我一直想当保安，因为我以后的理想是当警察，我最喜欢保安了，我就应该当保安。”这时一个小朋友站出来说：“轩轩以前帮我们收拾过玩具，我们应该帮他。”其他小朋友被说服了，愿意帮轩轩实现理想，心甘情愿地让轩轩一直当保安。之后还有小朋友想出了一个办法：让轩轩当1号保安，其他小朋友轮着当2号保安。

轩轩发现，帮助别人不仅能获得老师的夸赞、其他小朋友的感激，还能帮助自己实现理想。之后轩轩一有机会就会帮同学和老师。问题行为得到了明显改善。第二年上幼儿园大班后，他成了名副其实的大哥哥。

不仅是轩轩，其他我教过的有严重行为问题的小朋友，当他们参与助人活动时，他们的自我评价、自尊、自信、自控能力、人际关系、学习效率、对生活和学习的满意度都有很大提升。

而家长和老师的核心任务之一，是鼓励并引导小朋友开展亲社会行为。

亲社会行为（prosocial behavior）指符合社会期望并有利于他人、群体和社会的行为，是衡量个体心理健康水平和道德发展的有效指标，而且能促进个体有效地适应社会和形成优良品德。帮老师拿书，把零食分给同学，给陌生人指路，安慰朋友，给图书馆捐书，到敬老院服务，参与公益活动，等等，都是亲社会行为。

助人就是助己

人类为什么有亲社会行为？进化观点认为人类天生具有亲社会行为，因为抱团活动的人类具有进化优势。如果你帮助了跟你基因类似的人，那么在你增加了他们生存几率的同时也保证了自己基因的延续。社会学习观点则认为，人类会在童年和青少年时期，在社会环境对助人行为的示范鼓励中、在社会经验中习得亲社会行为。

亲社会行为的动力是共情，一项大的调研发现，亲社会行为的强预测因子是理解他人感受和想法的共情能力。亲社会行为的催化剂是个人的幸福体验。如果一个人觉得烦躁、焦虑、郁闷，他大概率也没有心理能量去帮助其他人。这在研究中也得到了证实，儿童及成人在快乐情绪时比在中性或消极情绪下更容易帮助他人。

有关亲社会行为的几项研究非常有意思。根据标准的经济学理论，任何条件下最理性的决策应该是最大化自己个人利益的决策，而不管对其他人的影响。而事实上，人类在做决定时，会自发考虑自己的决定对他人的影响。

在“独裁者”游戏中，一笔钱被提供给一个人，这个人可以全权决定是独占这笔钱，还是共享。按照经济学理论，最理性的决定应该是独占。但在研究中，人们不是这样做的，获得钱的人会把15%~35%的钱分给游戏伙伴——他们刚遇到且可能此生不再相见的陌生人。这个结果在世界范围内被不断重复，从小规模的游猎社群到大规模的工业化社会。

在“最后通牒”游戏里，游戏一方有权提出资金分配方案，而另一方可以选择接受或拒绝方案。如果分配方案被拒，那谁都得不到钱。按照经济学的理性决策，方案提出者应该尽可能少地给另一方资金，而另一方应该接受被分配到的任何资金（因为不管拿到多少，聊胜于无）。而事实上，人们不是这么做的。方案提出方通常会把40%~50%的资金分配给对方，而另一方通常会拒掉少于20%的分配方案。

更让人惊奇的是，人们通常愿意支付费用来获得权利去惩罚两个游戏里的自私玩家，甚至他们仅仅是观察者而不是玩家本身。研究者对此的解释是，世界范围内，人们被公平驱动，而公平创造了社会规则，社会规则又鼓励亲社会行为。因此，人类对公平天生的敏感驱动着亲社会行为。

亲社会行为在儿童身上的发展也证实了以上观点。

6个月大的婴儿更喜欢在压力下帮助他人的人，而不是那些袖手旁观或伤害他人的人。而且婴儿也更喜欢惩罚恶人的人。

1岁到3岁之间的学步儿已经能积极参与亲社会行为了，比如帮助、安慰、分享、合作。学步儿也热衷于学习社会规则并监督社会规则的执行。尽管他们只是游戏的旁观者，而不是参与者，他们也会积极地强化规则。

4 岁的时候，孩子在决定如何分配资源时，已经能够考虑到多样的因素，比如，不同人的需求、集体感、代价、过往经验等。

小学时，孩子会采用善意的谎言（亲社会谎言）去保护另外一个人的感受。他们已经能够深入理解，为了实现更大的好处，伤害有时是必须的。

亲社会行为在世界范围内都是被推崇的美德。中国自古以来就有大量提倡助人奉献的诗文，《诗经》里有“投我以桃，报之以李”，西汉戴圣说过“君子贵人贱己，先人而后己（君子尊重别人而把自己看得很轻，凡事先考虑别人，最后考虑自己）”，元朝马致远说过“路见不平，拔刀相助”。古印度有谚语“予人玫瑰，手留余香”。伊斯兰教、犹太教和基督教都教导信徒“帮助不幸是一种宗教义务”。

以上研究都表明，如果孩子没有天生的特殊需求，且在健康有爱的环境中成长，那么其社会行为的习得是自然而然的。孩子在自尊、共情、尊重得到良好发展的基础上，会自发呈现多样的亲社会行为。亲社会行为的定义是让他人获益，本书主要聚焦于亲社会行为对助人者带来的帮助。

首先，亲社会行为可以有效防止暴力行为。亲社会行为的反义词是反社会行为（anti-social behavior）。亲社会行为的极端表现是利他主义（altruism），反社会性行为的极端表现是精神病态（psychopathy）——为了私利虐待他人且完全不顾对方的痛苦。精神病态的发生和基因有一定关系，这些人有感知他人情绪的神经反应缺陷，缺乏对他人痛苦的共情。但一般认为暴力基因遇到高压成长环境（冷漠、暴力、被操控）会造成精神病态。健康有爱的环境可以对抗孩子先天基因的暴力倾向，帮助孩子成为健康的社会人。

儿童可以被教会好行为，也可以被教会坏行为，但是研究表明反社会行为比亲社会行为更有传染性，关系亲近时会增加这样的效应。这意味着成人需要有意识地帮助孩子参与亲社会行为，以抵消潜在的反社会行为可能带来的影响。

其次，亲社会行为可以缓解压力。凯利博士在她的 TED 演讲中提到一项研究。这项研究跟踪了美国 1000 位成人，从 34 岁到 93 岁，统计这些人在每一年经历了多少次压力事件，以及花了多少时间帮助他人。她发现：经历重大压力事件（经济困难、家庭危机等）的人死亡率增加了 30%，但是经常帮助他人的人的死亡率跟压力事件无关。也就是说，与他人联结，并做出贡献的亲社会行为能够降低人们在压力性事件中死亡的风险。亲社会行为能减缓助人者的压力，减少消极情绪，增加积极情绪体验。帮助他人是一种天然的抗压药，能够抵消压力事件带来的死亡风险。

最后，亲社会行为会让人更健康、快乐。助人者可以得到更多的社会支持，这些社会支持对于度过人生艰难时刻有重大意义，可以减少孤单、酗酒、抑郁的风险。哈佛大学教授泰勒·本·沙哈尔博士在著作《幸福的方法》中提出，增加幸福体验的方法之一，是每天写下让自己感恩的 5 件事。仅仅是“亲社会”的感受，就能有效增加人的幸福体验。亲社会行为也是一种快乐剂，能让助人者更快乐。

助人就是助己。我们会在帮助他人的过程中，成为更幸福的自己。所以我们可以采用一些实用方法，更好地帮助孩子在助人中发展自我。

亲社会行为的促进方法

1. 添加语言装备

对于儿童来说，想助人和会助人之间可能隔着一条银河，儿童好心办坏事的事迹层出不穷。

6 岁的乐乐看到一个小朋友在哭，本来想去安慰他，结果张嘴说出：“我爸爸说，大声哭的小朋友会被坏人抓走，别哭了。”然后小朋友哭得更伤心了。

7 岁的天天带了最喜欢的花生酥，想分给全班小朋友，但他不知道该怎么说，就远远地把花生酥丢到其他小朋友的桌子上，小朋友被“从天而降”的花生酥吓到了，都拒绝了花生酥。天天一个人站在原地，感到很郁闷。

10 岁的笑笑看到同学提着水壶走得一摇一晃，很吃力，他去帮忙，抓住水壶一提，水壶失去了平衡，里面的水倒了出来，把同学的鞋子、袜子都打湿了，同学气得原地跺脚并骂了笑笑。

以上类似的情况不及时引导，孩子可能被贴上“帮倒忙”“管闲事”的标签，不仅打击其助人的积极性，还会破坏与他人的社交关系。我们可以教儿童用亲社会“语言”，让孩子正确帮忙。

常用的语句有：

“发生什么了？”

“你觉得怎么样？”

“需要帮忙吗？”

“我来……好吗？”

先询问、再行动，是比较稳妥的办法，可以防止产生不必要的误解。

2. 善意揣测

有一次，小朋友们在讨论：小卖部里的东西，是否应该免费。

一个小朋友说：“给残疾人的东西就应该免费，我们要帮助残疾人。”孩子们还不能很好地理解什么是残疾人，大家觉得“老人、乞讨的人、身上有些地方不能用的人、盲人”都应该免费。这时，另一个小朋友说：“有些乞讨的人是装的，不应该帮他们。”

这个场景很好地体现了亲社会行为的重要影响因素——对他人动机的揣测。当我们恶意揣测他人的动机，认为他人是装的、故意的、假的、想要害我的，我们倾向于拒绝帮助他人，而且倾向于拒绝他人的帮助。

2009年冬天，我和两位支教好友到梅里雪山徒步，因判断失误迷路了。按照计划，我们应该在傍晚到达西当村住宿，但是下午2点左右，我们还在布满荆棘的山谷里艰难前行，周围早就没了人类活动的痕迹。我们没有户外过夜的食物和装备，山里也没有手机信号，晚上气温很低。如果一直找不到路，失温、缺水、跌落、野兽可能威胁我们的安全。这个时候，远处山上有人冲我们大声喊叫，两位好友非常兴奋，马上大声挥手回应。我的第一反应是，“先别急，万一他是骗子怎么办？”

好友不可思议地看着我，毫不犹豫地忽略并鄙视了我的谨慎（谢天谢地）。对方当然不是骗子，而是进山放羊的藏民，因为经常在这里救出迷路的驴友，所以很远看到我们就知道“又有人迷路了”，冲我们招手是希望带我们走出危险区。直到今天，我当时的恶意揣测还在被两位好友敲着脑门反复“嘲笑”：“你怎么想的？人都没有的深山里哪来的骗子？就算是骗子，被骗也比被饿死或冻死好吧？我们三个人，对方只有一个人，他还能怎么害我们？不应该是他担心我们害他吗？”

以我们当时的处境，我的恶意揣测不理智、很危险，可能导致我们错过获救的唯一机会。这种恶意揣测的倾向在很多年里严重阻碍了我和他人进行有效合作。比如，同事对我的方案提出改进思路，我会揣测他不认可我的能力；同事开会迟到，我揣测对方不尊重人；队友负责的板块没有按时完成，我揣测对方不负责、爱甩锅。在这种恶意揣测的习惯下，我的第一反应不是同事想帮我或需要帮助，而是“你故意针对我”，可想而知，同事们都开始回避和我的合作。

这种恶意揣测其实是在低自尊和不安全感的驱使下，作出的一种过激的自我保护：我不值得你帮我，你想帮我，肯定有什么不可告人的目的；世界很危险，我管好自己就不错了，没空管你。当我终于学会用善意揣测来取代恶意揣测之后，个人幸福感和职业发展的提升非常明显。

对儿童来说，善意还是恶意揣测周围人的反应，影响着他们的安全感和自我评价。

一个陌生小朋友眼巴巴看着自己的挖沙工具，满眼渴望。善意揣测的孩子会觉得“他想玩我的挖沙工具，我可以把自己的挖沙工具借给他玩，这样我们都可以开心地玩”。恶意揣测的孩子会觉得“他可能会弄坏我的挖沙工具，可能会抢走我的挖沙工具，我要离他远一点”。习惯恶意揣测的孩子会觉得周围有很多坏人，这加强了他们的不安全感，导致他们容易作出不友好举动，引发对方的不友好反应，产生冲突。而频繁地和他人冲突则会导致他们产生消极的自我评价——大家不喜欢和我玩，我是让人讨厌的孩子。

对于儿童来说，大人如何看待世界是孩子看待世界的一副滤镜。温暖的滤镜能够帮助孩子善意揣测，善良待人，并收获他人的善意。

当天天的花生酥被拒绝了，大人可以对天天说：“你很想把自己的好东西分享给大家，不过你要学习正确分享的方式，你可以把花生酥递到别人手里并告诉他‘可好吃了，送给你’。”

当想帮人提水的笑笑被骂后，大人可以告诉他：“骂人是不对的。他应该礼貌说话。但你确实把他的鞋袜打湿了，下次想帮忙前，你可以先问问他是否需要帮助。”

孩子玩滑梯时被人踢到了，大人可以这样说：“他太着急了，没等你离开就滑下来踢到了你。他需要学习怎么变得更有耐心。你可以提醒他。”

我刚转行当幼儿园主班老师的第一年，遇到一个比较有挑战的班级。班里3个小朋友都有较严重的行为问题。每天冲突不断，插队、推人、抢绘本、扔积木、吐口水……花式冲突轮番上演。班级气氛躁动不安。有一次下楼梯时，一位小朋友边说话边走路，踏空一格，摔倒了。其他小朋友的第一反应是哈哈大笑，没有人上前帮忙搀扶。我决定采取行动，从绘本《彩虹色的花》开始，促进小朋友亲社会行为的发展。

《彩虹色的花》讲了一个温暖的故事。春天的原野上，开了一朵有六个花瓣的彩虹色的花，她热情地跟每一个路过的小动物打招呼，关心小动物的心情。在了解到小动物的困难后，她慷慨地给每个小动物一个花瓣，帮助小动物渡过难关。她给了小蚂蚁一个花瓣当小船，帮助小蚂蚁穿过水洼；给了蜥蜴一个花瓣当衣服，帮助蜥蜴参加宴会；给了小老鼠一个花瓣当扇子，帮他度过炎炎夏日；给了小鸟一个花瓣，当作送给小鸟女儿的生日礼物；给了刺猬一个花瓣当雨伞，帮他遮挡阵阵秋雨。最后一个花瓣也被风吹走了。最终，大雪覆盖原野。从雪中升起一道耀眼的彩虹色光芒，把天空照亮了。蚂蚁、蜥蜴、老鼠、小鸟和刺猬看着光芒，心里渐渐温暖起来，大家都想起了彩虹色的花给过自己的帮助。春天来了，又一朵彩虹色的花探出头来。

短短的故事里，有花瓣的消失，有四季的变迁，有生命的轮回。

对幼儿园小朋友来说，这个故事很有深意，不容易理解。让我吃惊的是，当读到“大雪覆盖了所有东西，一片白茫茫的。谁会想到，在这里曾经开过一朵彩虹色的花呢！”教室里非常安静，所有小朋友都紧锁着眉头不舍地看着绘本，好像要把这朵花留住。

读完故事后，小朋友们经常讨论这朵把花瓣送给别人的花。

“彩虹色的花把花瓣送给别人，她不疼吗？”

“她当然疼呀。但是她也高兴呀！”

“我有彩虹色的花当朋友就好了。”

“我画了一朵彩虹色的花，能不能贴在墙上？”

很显然，大家都很喜欢这朵彩虹色的花，无形中也被这朵花的温暖影响着。当我问“如果你是彩虹色的花，你会怎么做？”的时候，冲动性行为最多的小朋友也愿意说出“那我还是分享吧”。

附录

舒特自陈式情绪智力测评

舒特自陈式情绪智力测评（The Schutte Self Report Emotional Intelligence Test，简称 SSEIT）是新英格兰大学副教授妮可拉·舒特（Nicola Schutte）博士团队提出的情商评测，自 1998 年提出后被学术文献引用 5000 余次。据不完全统计，该测评在不同年龄（从 15 岁到 78 岁）、地域（澳大利亚、非洲等）、性别的大样本研究分析中显出良好的信度和效度。舒特博士团队允许因研究及治疗目的免费使用此量表，是为数不多免费的经过研究验证过的情绪智力测评。和其他情绪智力测评相比，SSEIT 有以下特点：简单、快速、易用、可靠、免费。是个人测评的首选。

SSEIT 共 33 个问题，最终得分介于 33 至 165 分之间。得分越高，表明情绪智力越高。9 岁以上的个体可以直接使用此量表自测；6 ~ 9 岁的孩子可以由家长根据孩子的行为来判断孩子得分；6 岁以下的孩子情商正处在快速发展阶段，不建议使用此量表。大家可以在家使用此量表评测孩子的情绪智力潜力。

使用方法：

对每个问题在 1-5 之中做出选择。

1 = 强烈不同意

2 = 不同意

3 = 不确定

4 = 同意

5 = 强烈同意

问题：

1. 我知道什么时候跟他人谈论我的问题。

2. 当我遇到困难时，我能想起我以前遇到过的类似困难，而且能尝试克服困难。

3. 我期待自己在大多数事情上做好。

4. 其他人容易相信我。

5. 我发现很难理解其他人的肢体语言。

6. 我会反思什么重要，什么不重要。

7. 当我的情绪变化时，我能有新的发现。

8. 情绪是让我的生活有意义的事情之一。

9. 我能够察觉我的情绪。

10. 我期待着好的事情发生。

11. 我喜欢和他人分享我的情绪。

12. 当我经历积极情绪的时候，我知道怎么让这个情绪持续。

13. 我会安排让其他人享受的活动。

14. 我寻求能让我开心的活动。

15. 我能察觉我发出的非语言信息（比如肢体、眼神）。

16. 我能用给他人留下好印象的方式展示自己。

17. 当我在积极情绪中时，解决问题对我来说简单。

18. 通过看他人的表情，我能识别他们正在经历的情绪。

19. 我明白为什么情绪会变化。

20. 当我在积极情绪中时，我可以想出新点子。

21. 我对自己的情绪有控制。

22. 我能轻松识别我正在经历的情绪。

23. 我通过想象任务的好结果来激励自己。

24. 其他人做得好的时候，我能夸赞他们。

25. 我能察觉其他人发出的非语言信息（比如肢体、眼神）。

26. 当另一个人告诉我她 / 他经历的重大事件时，我甚至感到我自己也经历了这件事。

27. 当我的情绪变化时，我更能想出新的点子。

28. 当我面对挑战，我会放弃，因为我相信我会失败。
29. 仅仅通过看着其他人，我就能知道其他人的感受。
30. 当其他人觉得消沉时，我会帮助其他人觉得好受些。
31. 当我面对障碍时，我使用好心情让自己保持尝试。
32. 通过听其他人的语气，我能判断他们的感受。
33. 我很难理解其他人为什么会有那样的感受。

图书在版编目（CIP）数据

情商这门课，只能父母教 / 唐雯著 . -- 南京 : 江苏凤凰文艺出版社 , 2022.10 （2023.8 重印）
ISBN 978-7-5594-7191-8

Ⅰ . ①情… Ⅱ . ①唐… Ⅲ . ①情商 – 儿童教育 – 家庭教育 Ⅳ . ① G782

中国版本图书馆 CIP 数据核字 (2022) 第 177424 号

情商这门课，只能父母教

唐雯 著

责任编辑 曹 波
特约编辑 姚同香
装帧设计 八牛书装设计
责任印制 刘 巍
出版发行 江苏凤凰文艺出版社
南京市中央路 165 号，邮编：210009
网 址 http://www.jswenyi.com
印 刷 北京永顺兴望印刷厂
开 本 880 毫米 ×1230 毫米 1/32
印 张 7
字 数 200 千字
版 次 2022 年 10 月第 1 版
印 次 2023 年 8 月第 2 次印刷
书 号 ISBN 978-7-5594-7191-8
定 价 39.80 元